人才战略

人才发展体系的数字化搭建

杨磊 ◎ 著

中国科学技术出版社

·北 京·

图书在版编目（CIP）数据

人才战略：人才发展体系的数字化搭建 / 杨磊著
. — 北京：中国科学技术出版社，2023.5
ISBN 978-7-5046-9983-1

Ⅰ.①人… Ⅱ.①杨… Ⅲ.①企业管理－人才－发展
战略－研究 Ⅳ.① F272.92
中国国家版本馆 CIP 数据核字（2023）第 036219 号

策划编辑	杨汝娜		责任编辑	龙凤鸣	
封面设计	创研设		版式设计	蚂蚁设计	
责任校对	张晓莉		责任印制	李晓霖	

出　　版	中国科学技术出版社
发　　行	中国科学技术出版社有限公司发行部
地　　址	北京市海淀区中关村南大街 16 号
邮　　编	100081
发行电话	010-62173865
传　　真	010-62173081
网　　址	http://www.cspbooks.com.cn

开　　本	880mm×1230mm　1/32
字　　数	176 千字
印　　张	9.75
版　　次	2023 年 5 月第 1 版
印　　次	2023 年 5 月第 1 次印刷
印　　刷	北京盛通印刷股份有限公司
书　　号	ISBN 978-7-5046-9983-1/F · 1102
定　　价	69.00 元

推荐序

　　新的时代，企业面临的竞争压力越来越大，企业也面临着更多的困境。因此，企业对人才的关注日胜一日。但同时，企业面临的人才问题也越来越深刻。如何在不断变化的商业环境中洞见未来的人才需求，如何将成功企业的经验拿来为己所用，如何保证人才规划能够落地实施，如何能让千辛万苦培养出的人才长久地留在企业工作，这些有关人才的问题时刻困扰着企业的管理者们。

　　我们非常遗憾地看到，很多企业在这些问题面前一筹莫展。而且，迄今为止还很难找到一本深入浅出的读物，既可以为困惑中的企业拨开思想的迷雾，又能给企业提供"即插即用"式的解决方法。

　　本书就是在这一背景下完成的。我认为本书有三个鲜明的特点，这也是我愿意向读者推荐的原因所在。

　　第一，本书精准定位了企业的人才工作。职能战略要适应公司战略和业务战略的要求，这是在战略管理课上被反复强调的观念，但在经营管理实践中，职能管理与企业战略脱节的现象却屡屡发生。其中固然有战略制定与实施方面的不足，但不少职能管理者缺乏全局意识和战略观念，在主客观因素的影响下，没有很好地站在企业全局的角度下完成自己的工作，这也是一个不可忽视的原因。在这本以企业人力资源管理者为主要目标读者的书中，清晰易懂地明确了其"战略适应"的逻辑起点。

在本书中，第1章开宗明义地提出企业"性格"的重要性。企业的"性格"由其战略定位、经营逻辑和路径选择所决定，只有与企业"性格"相匹配的人才，才能为企业创造更多的价值。书中写道："企业要想做好人才战略，首先要清楚企业战略和人才战略之间的关系，这样才能布局一个与企业战略相符、促进企业发展的人才战略。"因此，无论是人才价值发掘、人才成长路径、人才进阶梯级，还是人才数据的运用和培养体系的构建，都必须在企业战略这个大前提下实施。不难发现，这是本书作者极力想传达的观念。如果企业能树立这样的观念，那么对企业中的人力资源管理者乃至全体职能管理者，在企业发展和个人职业发展两方面，都具有重要意义。

第二，本书立足企业实战，努力为企业提供实实在在的帮助。其实，管理学是一门通过成就别人来成就自己的学问，有时候我觉得管理学与医学有类似之处——医学成果是以惠及患者为出发点和目标的，同样的，管理学倘若不能为企业实际的管理活动带来好处，管理学的所有成果也都失去了意义。本书作者长期活跃在企业经营和人才培养领域，对企业的痛点了然于胸，本书为企业提供了实战中行之有效的种种招数。

举几个例子。第 2 章介绍了意识、能力、行为这三个构建企业人才价值体系的维度。从这三个维度出发，企业很容易设计出适合自己"性格"的人才价值评价体系。第 4 章详细介绍了人才进阶体系的搭建原则、架构形式和构建原则，即使一家企业目前在这方面还缺乏经验，在如此翔实的指导下，也可以很快发展出一套较好的人才进阶体系。在第 6 章中，作者对系统化人才培养体系进行了全面介绍，只要遵循书中介绍的步骤，涵盖目标、方法、流程、结果四个维度，按照模块化搭建的思路和方法，企业就不难发展出一套完整的、系统的人才培养体系。如果说强调战略适应是本书的"顶天"之处，那么强调实战和实施就是本书的"立地"所在。

第三，本书紧跟数字化、智能化趋势，抓住了时代脉搏。今天的商业世界，由于大数据和人工智能飞速发展，企业的人才工作早已呈现出不同以往的特征。本书在第 5 章系统地阐述了人才成长数据的内涵、采集、分析、应用的全过程，这些内容和人才成长数据库的管理一同构成了企业人才数据管理的闭环。人力资源经理可以在这些内容的指引下，对人才数据业务进行有效管理。还有一个难能可贵之处就是这部分的语言和行文平实易懂，没有晦涩的术语和过于繁复的图表，对数字科学不太了解的读者也很容易理解。我认为这是全书定位清晰的又一表现，毕竟人力资源经理在数据管理方面应该是管理者，而不是开发者，他们的任务是提出需求、熟练操作、运用结果，而不是设计算法。

本书还有一点令人印象深刻，即为未来的探索留下了足够大的空间。管理者可以通过自己的管理实践为书中很多内容添加注脚并进行印证，同时，沿着本书的思路继续思考，我们会发现一系列有价值的问题。例如人才战略对企业战略的适应，在不同的商业环境中有什么样的实现形式，传统的人才战略规划和人才培养的工具如何适应中国企业的独特氛围，在技术不断进步的今天，人力资源从业者（HR）能在多大程度上助力人才培养，新时代的人才培养体系又会是什么样子……这些问题都没有标准答案，期待每一位管理者在实际工作中给出满意的回答。当然，在本书的基础上，我们更有理由期待作者未来能再进行同样精彩的分享。

指望一本书解决企业人才工作中的所有问题显然不现实，本书也不例外。但有了它，至少可以在茫茫不可知的变化面前，为企业点燃一簇思想的火花，提供一套可以依靠的工具，指出一个通向光辉未来的方向。

是以为序。

王宇

2021 年 12 月于成都

前言
PREFACE

　　新的时代，企业与企业之间的竞争俨然演变成了人才与人才之间的竞争。企业要想在竞争激烈的市场中站稳脚跟，就必须拥有一支强有力的人才队伍。为此，企业需要制定与业务战略相匹配的人才战略。换句话说，企业成功的基础是人才战略的成功，而人才战略的成功在于人才战略规划和人才培养。所以，做好人才战略规划和人才培养是摆在企业管理者面前的重要课题，也是企业管理者必须做好的课题。

　　实际上，一些企业管理者已经意识到人才战略与人才培养的重要性，也开始积极布局人才战略，调动一切资源进行人才战略规划，建立人才培养体系，但是收效甚微。我们经深入研究和分析后发现，企业管理者在布局人才战略的路上或多或少会存在一些问题，如招聘的人才无法满足企业发展的需求、无法发挥优秀人才的价值、没有建立一个完善且系统化的人才培养体系来助力人才成长等。这些问题都是导致人才战略无法有效实施的关键问题。企业管理者想要人才战略得以有效实施，就需要做好人才战略规划和人才培养，掌握人才战略规划与人才培养的方法和策略，以促进企业健康、长久地发展。

本书共分为 6 章，全书用通俗易懂的语言解读概念，介绍了实操性较强的策略和技巧，详细阐述了如何有效布局人才战略，做好人才战略规划和人才培养。

第 1 章详细介绍了"企业与企业的人才""企业战略与人才战略"，厘清这几个核心概念，企业管理者才能深入了解人才和人才战略，才能为做好人才战略规划和人才培养奠定良好的基础。

第 2 章详细介绍了人才的价值以及构建人才价值的 3 个维度，帮助企业管理者深入认识人才的价值，掌握发现和挖掘人才价值的技巧与策略，实现人才价值的最大化。

第 3 章详细介绍了人才培养与发展的具体路径，助力企业管理者引导员工向企业需要的人才方向发展。

第 4 章详细介绍了人才进阶梯级体系，旨在帮助人才不断向上发展，获得进阶成长，实现自我价值。

第 5 章详细介绍了人才数据的管理及应用，旨在帮助企业做好人力资源管理，做到人尽其才，实现人力资源价值的最大化。

第 6 章详细介绍了如何构建系统化的人才培养体系，旨在全方位激发人才潜力，发挥人才的价值。

本书适用于企业管理者、职能部门人员以及对管理感兴趣的读者，旨在帮助企业管理者重新认识人才战略与人才培养，掌握实施人才战略相关的技巧和策略，有效解决实施人才战略中遇到的各种问题。如果你正在为眼前的人才战略规划与人才培养感到困惑，那么请打开这本书，你一定可以在里面找到自己想要的答案。

目录
CONTENTS

第1章

人才战略：

企业的人才需求与培养规划

人才是企业的首要资源，它支撑着企业的战略发展，人才也是企业竞争的核心要素。所以，企业要想获得更好的发展就要制定好人才战略，明确企业的人才需求，做好人才的培养规划。

1.1
企业与企业的人才

企业的发展在一定程度上依赖于人才资源，得到人才的企业才能获得可持续发展。所以，企业要先根据自己的需求招揽人才、培养人才，再建立相应的制度。

1.1.1　企业的"性格"

企业在中国经济运行图中有一个基本的定位，不同的企业定位不同。这个定位就是企业的"性格"。

企业的定位也可称为企业的社会角色定位，它通常与企业所在的地区和企业的股份性质有关。不同地区的企业，主要指位于不同省市的企业，这些企业在经营以及商务往来方面都有着该地区的鲜明特色。就像不同地区的人的性格存在一定的差异一样，在不同地区经营的企业也有不同的企业"性格"。

按照股权性质划分，企业可以分为国有企业、集体所有制企业、私营企业、外资企业等。不同股权性质的企业的企业文化有一定的差异，这就造成了不同股权性质的企业的"性格"不同。

从广义上讲，企业"性格"是对企业的认知意识和行为方式的总结、概括；从狭义上讲，企业"性格"是企业员工的思想与行为的提炼，如员工的工作态度、工作作风、交流方式等，这些都会形成企业的标志性特征。也就是说，企业"性格"与企业文化息息相关。所以，不同股份性质的企业因企业文化不同而拥有不同的企业"性格"。

企业所在的地区和企业的股权性质在一定程度上决定了企业的"性格"，因此，要了解企业的"性格"就要了解企业所在地区的特点和企业的股权性质。

另外，企业"性格"除了与企业所在地区和企业的股权性质有关，还与企业的发展定位有关。企业的发展定位是指企业想要获得什么样的未来。企业的发展定位不同，其"性格"和对人才的需求也不同。也就是说，企业的人才培养必须接受和服从企业"性格"，适应企业发展的基本定位。如果员工的个性、特质及认知不适合企业的发展定位，那么必然会引起一定的冲突，这就会对企业的人才培养工作造成阻碍。

例如，企业的"性格"比较稳重，提倡稳中求胜，但是企业在招聘的时候招到了一些个性张扬的员工。这些员工如果不认同企业文化，在工作中，可能无法与其他员工友好沟通、协作，无法完成共同的目标，会大大阻碍企业的发展。

导致以上问题产生的主要原因是员工的"性格"跟企业的"性格"不合。所以，企业在招聘人才之前要明确企业的"性格"，选择与之匹配度较高的人才。

1.1.2 企业需要的人才

人才的定义有广义和狭义之分。从广义上讲，人才是指在某方面具有一定的专业知识和专业技能，能够进行创造性劳动，为企业和社会贡献价值的人，是社会发展的首要资源。从狭义上讲，或者从企业的角度讲，人才是指在某方面具有一定的专业知识和专业技能，能够胜任企业岗位能力要求，可以进行创造性劳动，能为企业创造高价值的人，是企业发展的核心资源。

（1）具有一定的专业知识或专业技能

在某方面具有一定的专业知识和专业技能是企业对所需

要的人才的基本要求。只有这样的人才能在工作中恰当运用专业知识解决问题，运用专业技能使用和调配专业的设施设备，使工作顺利地进行。例如，作为一名市场营销专业人才需要具备的专业知识包括市场学知识、营销学知识、心理学知识、公共关系学知识、谈判学知识等。

（2）能够胜任企业岗位能力要求

企业需要的人才一定要能够胜任企业岗位能力要求。岗位能力要求是指企业的某个特定工作岗位对员工综合能力提出的要求，如要求员工具备相应的学历、一定的专业技能和经验等。

某企业营销岗位的岗位能力要求的部分内容见表1-1。

表1-1　某企业营销岗位的岗位能力要求的部分内容

组成部分	组成要素	素质要点	销售专员	销售主管
基本条件	教育水平	—	大专以上	本科及以上
	年龄	—	20～26岁	25～35岁
	性别	—	不限	不限
	特殊要求	—	无	无
	岗位经验	—	从事本领域相关工作半年以上；根据实际情况，在相关人员指导下完成岗位的基础操作	从事本领域相关工作两年以上；能够独自承担岗位中主业务流程的大部分工作

续表

组成部分	组成要素	素质要点	销售专员	销售主管
素养	核心素养	敬业负责	√	√
		高效执行	√	√
		……	……	……
	专业素养	销售意识	√	√
		成就导向	√	√
……	……	……	……	……

虽然不同岗位的岗位能力要求不同，但是企业需要的人才都应该是能够达到岗位能力要求的人。

（3）进行创造性劳动并为企业创造价值

按照劳动的不同形式，劳动可以分为创造性劳动和非创造性劳动两种。非创造性劳动是指一些不需要具备太多知识和技能就可以胜任的工作，从事这些工作的大多是企业的基层工作者。创造性劳动，顾名思义，是指创造性地工作、劳动，是通过人的脑力对技术、思维、认知进行创新，从而提升工作效率，创造更高价值的一种劳动形式。企业需要的正是这种能够进行创造性劳动，最大限度为企业创造价值的人才。

企业需要的人才简单地说就是能够为企业贡献个人能力，创造价值，助力企业实现可持续发展的人，所以企业在招聘或培养需要的人才时应当仔细考察人才是否具备以上 3 个特点。

1.1.3　人才需求的正三角形结构

现代管理学家对人才需求进行研究、分析得出的结论是，全社会对人才的需求都呈现出同一种趋势——正态分布，它是指企业对人才的需求分为 3 个层级，分别为决策层、管理层和执行（操作）层，各层级之比为 1 ∶ 8 ∶ 64。如图 1-1 所示，呈现出的是一个正三角形结构。

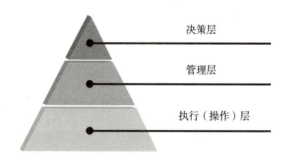

图 1-1　人才需求的正态分布

三角形的顶层是决策层，这层的人才需求主要是高层管理人才，如民营企业的经营者、企事业单位的高层领导；三角形的中间层是管理层，这层的人才需要主要是中层管理者或核心骨干，如各部门的管理人员、核心技术人员；三角形的底层为执行（操作）层，这层的人才需求主要是执行决策的员工，如一线操作员。

这是全社会人才需求的正常结构。在人才需求的正三角形结构中，需求最大的是执行（操作）层，对决策层和管理层的需求较小。

有些企业管理者可能会产生这样的疑问："是不是所有企业的人才需求都呈现正三角形结构？"为了准确回答这个问题，我们可以对各行各业进行调研，找出各行各业对人才的需求，以及这些需求呈现出的结构形状。经过调研，我们发现，所有企业对人才的需求都呈现出正三角形结构。无论是农业、工业还是服务行业，或是从一个具体的企业来看，企业对具体执行命令和操作人员的需求占大多数，对高层管理者和中层管理者的需求较少。这是显而易见的事实。

社会在不断地向前发展，在这种变化万千的环境下，社会对人才的需求也会随之变化。但是无论怎么变化，社会对精英人才的需求不会变，能够进入人才需求的正三角形结构的顶层和中层的人都是少数。

在生产力水平较低的古代，人们只要识字且具备一定的技能，几乎就可以称之为"精英"，进入人才需求的正三角结构的顶层或中层。近代，能够获得大学学历的人比较少，所以只要获得了大学学历也会被称之为"精英"，进入人才需求的正三角形结构的顶层或中层。当代，获得大学学历的人越来越多，只凭借大学学历就想被称为"精英"，进入人才需求的正三角形结构的顶层或中层是不太实际的事情。由此可见，无论什么时代，对人才的需求结构是不变的，总是呈正三角形结构。

企业管理者应按照人才需求的正三角形结构规划、招聘、培养人才。这样才能避免人才失衡，才能稳固企业的人才结构，助力企业做好人才战略，获得可持续的发展。

1.1.4　企业人才的拓展路径

企业要发展就势必要展开业务的争夺战，而业务是通过人来完成的，没有优秀的人才，企业就难以获得更好的发展。这就说明企业的发展是以人的能力为基础，所以企业需要将人转变成人才，也就是要建立企业人才的拓展路径。

企业人才的拓展路径常见的有两种：外部招聘和内部培养（图 1-2）。

图 1-2　企业人才的拓展路径

（1）外部招聘

外部招聘是指从企业外部招聘需要的人才。外部招聘常见的方式有两种：社会招聘和校园招聘。

社会招聘是人才招聘的一种基础方式，即面向全社会招聘企业需要的人才，常见的方式是在专业的招聘网站上发布企业招聘信息。图 1-3 是某企业在某招聘网站上发布的招聘信息。

社会招聘方式面向的群体比较广，供企业选择的空间比较大。但是，社会招聘也存在一定的弊端，例如招聘工作复杂、成本较高、招聘效率较低等。所以，企业采取这种方式招聘人才时，考验的是人力资源部门的工作能力，他们的工作能力在一定程度上决定了社会招聘的质量。

招聘岗位：机械设计师

招聘人数：1人

学历：本科及以上

工作经验：不限

福利：五险一金，年底双薪

职位描述：

①机械制造、电气自动化专业；熟悉CAD/Solidworks等制图软件；

②提供产品功能性技术支持，对公司现有产品进行结构优化；

③负责新产品设计工作；

④负责解决产品可制造性、可装配性等问题；

⑤分析结构原理和零配件的适配和选型、对家电行业感兴趣。

图1-3　某企业在某招聘网站发布的招聘信息

校园招聘是一种比较特殊的外部拓展人才的途径，是指企业根据自身的人才需求直接从学校招聘各类、各层次的毕业生。社会招聘和校园招聘虽然都属于外部招聘，但是相对来说，校园招聘的人才更加精准。企业可以根据对人才的需求精准选择学校及专业，然后实施精准招聘。例如，企业想招聘计算机领域的人才，那么可以选择在计算机专业排名比较靠前的大学展开招聘。但是校园招聘也存在一定的弊端，主要是应届生经验不足，企业需要花费时间和精力培养。

社会招聘和校园招聘各有优势也各有劣势，这两种方式都是拓展人才的有力途径，企业可以根据自身需求选择其中一种招聘方式，或者两种招聘方式组合使用。

（2）内部培养

内部培养是指企业在内部挑选合适的员工，采取一定的措施将员工培养成企业需要的人才。企业内部培养人才的优点如下所示：

①效率高，成本低。因为企业对内部人员比较熟悉，所以可以比较容易地挑选出合适的人才并培养，效率较高，而且还能省去传统招聘的筛选简历、面试等过程，降低招聘成本。

②用人风险较小。企业与内部员工之间相互都比较了解，这样可以降低员工因对企业不了解而离职的风险。

③员工激励。内部培养员工可以为员工提供更多成长、晋升的机会，对员工来说是一种激励，可以激发他们的工作动力和积极性。

④学习成本低。企业内部员工对企业的经营模式、组织结构、岗位要求和职责、工作流程等都比较了解，只需要学习新的知识和技能即可。

也就是说，相较于培养外部招聘的员工而言，内部培养成本更低。

不过，企业内部培养也存在一定的弊端，例如容易在团队内部引发矛盾甚至恶性竞争，导致人才流失等。所以，企业采取这种方式拓展人才时要注意规避此类问题。

无论企业通过哪一种路径拓展人才，都要明确拓展人才不是以牺牲企业的利益而换取人才，也不是通过非正常手段对人才进行掠夺。人才的拓展是建立在科学的管理和培养制度上的。换句话说，企业人才拓展的实质是企业人才管理的拓展。所以，企业不仅要规划人才拓展的路径，还要建立科学的管理和培养制度，具体方法如下所示：

①企业要鼓励和支持有利于企业拓展人才的创新工作。

②摒弃过时的、不适合企业发展的人才战略，建立适应时代的、符合市场经济的人才战略，这是企业长久发展的重要保障。

③对于私营企业和刚成立的企业来说，很难有一个完整的企业人才管理机制。这就需要企业管理者在实践中不断总结，不断迎合企业发展，不断解决企业发展矛盾，调整企业人才战略，建立良性的、弹性的企业人才培养体系和管理制度。

④在人才进入企业后，企业还需要对人才进行人性化的管理和观察。

⑤鼓励人才在本企业发展还需要一整套促进人才发展的制度，包括规划人才的成长路径、采取让人才能力提升的措

施、保障人才的基本权益、奖励人才做出的重大贡献、考核人才的能力和业绩、设定提拔和管理人才的基本要求等。

这些都需要企业在实际人才管理体系中确立下来的基本管理制度，只有构建这种系统化的制度，才能建立一支适合企业发展的人才队伍。

1.1.5　不断创新企业人才定位

企业的人才定位必须与企业的战略和经营方式等匹配，即一定要符合企业的人才需求。如果偏离了企业的需求，那么人才定位不但不能为企业培养人才奠定良好的基础，反而会增加企业的成本，甚至给企业造成巨大的损失。

因此，在对企业人才进行定位时，企业的决策层必须明确企业的战略和经营方式，认真规划企业的发展路径，站在企业发展的角度确定企业的人才定位。简而言之，就是确定了企业的定位后再确定企业的人才定位。只有当企业的人才定位与企业定位相契合的时候，才能有效指导人力资源部门选拔和培养人才，保证他们认同企业文化，可以适应企业的发展。

但是人才的定位不是固定的，随着企业的不断发展，人才的定位也会出现较大的改变。例如，企业发展的初期可能只需要有 3 ~ 5 个能力比较突出的人才即可，但是当企业的发展程度超出企业当前所拥有的人才的承受能力时，企业就必须重新进行人才定位。另外，企业还需要招纳懂管理、懂经营的综合型人才。

归根结底，企业要想获得更好的发展，就要不断更新人才定位。企业需要根据业务市场的变化和社会经济发展水平适时地更新企业的人才定位，从而适应企业的快速发展，具体方法如下：

（1）根据业务市场的变化创新企业人才定位

在瞬息万变的市场环境中，企业人才的定位也应不断创新。企业管理者应当保持高敏感度，时刻关注业务市场的变化，根据实际变化及时对企业的人才定位进行创新，确保人才定位符合业务市场变化，从而把握住更多的发展机遇。例如，随着科技的进步，业务市场对数字化人才的需求倍增，那么企业的人才定位就要创新，要招聘、培养数字化人才。

（2）根据社会经济发展水平创新企业人才定位

人才是经济发展的动力。当经济不断发展时，企业人才定位也要不断创新，否则经济发展就会出现动力不足等问题，无法持续地健康发展。因此，企业管理者要时刻关注社会经济发展水平，根据社会经济发展水平创新人才定位，使其能够匹配社会经济发展水平，推动社会经济不断发展。

创新的人才定位不仅要能吸引一大批优秀的人才加盟企业，也要能有效指导企业的人力资源部门为企业的发展做出贡献，准确选拔、培养合适的人才。这是企业不断创新人才定位的本质。

实际上，企业人才定位的创新同样体现了企业管理的创新，或者说人才定位是企业管理创新的开始。这种创新将会引领企业朝着一个健康的方向发展，从人力资源上保证企业的基本需求。

1.2
企业战略与人才战略

人才战略是企业战略的一部分，是企业战略中的伟大战略。企业要想做好人才战略，首先要清楚企业战略和人才战略之间的关系，这样才能布局一个与企业战略相符、促进企业发展的人才战略。

1.2.1　企业战略管理与人力资源管理

企业战略和人力资源是企业发展的核心力量，所以企业战略管理和人力资源管理也成了企业较为关注的工作。自改革开放以来，私营企业如雨后春笋般涌现，人力资源管理体系的相关研究也越来越被企业重视，并随之迅速发展。面对这种市场情况，业界相关人士指出，企业要想提升核心竞争力，获得可持续发展，就必须建立完善的人力资源管理体系。

（1）企业战略管理

企业战略可以为企业的发展提供明确的方向和具体的实施方案，指导企业按照既定的方向发展，是企业管理的核心内容。

企业战略管理的主要内容大致可分为 3 个部分

①企业战略分析

企业战略分析是深入、全面了解企业本身在市场大环境下的竞争实力，与同行业相比的竞争实力以及与其他行业相比的竞争实力。企业需要基于这些信息认真分析自身在市场的大环境下能获得什么样的发展机遇以及会面临哪些挑战，从而确定企业的战略目标。

具体来说，企业战略分析主要是对企业在既定的环境下追求成功的过程中的必备要素进行分析，明确企业当前阶段以及未来存在或可能存在的优势、劣势、机遇和挑战。明确自身的优势、劣势、机遇和挑战后，企业便可以精准定位自身的核心竞争力和核心资源所在，然后以此为基础确定战略和目标。这种方法能够大大提升企业战略的准确性和有效性。

②企业战略选择

企业战略选择建立在企业战略分析的基础上，是指企业需根据战略分析得出的结果确定企业必须实施的战略目标，并根据战略目标制定战略实施方案。

确定企业战略目标后，企业可以对战略目标进一步分解、剖析，然后根据分解后的目标匹配相应的资源，并制订更加详细具体的实施计划，确保企业战略目标可以落实。

③企业战略的实施和控制

企业战略的实施和控制是指企业需要根据自身的实际情况，如战略需求、企业文化、组织结构、经营策略、商业模式、管理方式等，对现有的资源进行合理的规划和分配，并在此基础上尽力科学化、系统化地管理体系。

如果对企业战略管理理念和理论的研究时间不长，那么研究结果的准确性就不会很高。因此，企业管理者在研究企业战略管理时应结合历史实践与企业的实际情况，改进目前相关研究中存在的不足，提高研究结果的准确性。

（2）人力资源管理

人力资源管理是指企业内部制定的，与人员选拔、培养、管理等有关的规章制度。该制度可以对人才进行有效运用，最大限度发挥人才的价值，促进企业实现战略目标。

作为能够促进企业实现战略目标的核心资源，企业必须做好人力资源管理工作，具体来说应建立科学化、系统化的人力资源管理体系，制定相应的实施方案，让人力资源管理发挥其真正的作用和价值。

当然，在建立人力资源管理体系之前，企业必须明确人力资源管理的作用，然后才能针对性地建立人力资源管理体系。人力资源管理的最终目标是提升人才的知识和技能，帮助人才全面发展，确保企业可以为社会做出更多贡献，增加企业在市场中的竞争优势。

（3）企业人力资源管理与战略管理的关系

企业人力资源管理与战略管理主要存在 3 种关系

①企业战略管理为人力资源管理提供前提条件

无论是企业战略管理还是人力资源管理，不可否认的是两者都对企业的长久发展有着十分重大的意义。企业如果想获得长久的发展就必须合理、科学地布局企业战略，全面、系统地做好人力资源管理工作。完善、系统的企业战略管理体系能够帮助企业分析内外部环境，帮助企业规避风险，使企业运营变得更加简单。同时还能让企业战略方向更加明确，为企业人力资源管理提供前提条件，使得人力资源管理的规划更加科学、合理。

②人力资源管理是企业战略管理的基础

企业战略计划以人力资源管理规划为实施基础。人力资源规划主要包括3个方面的内容：企业供给预测、企业未来需求预测以及各个部门能力平衡。人力资源规划越完善，越利于企业稳定迅速地发展，利于企业实现战略目标。所以，人力资源管理是企业战略管理的基础。

③企业战略管理为人力资源管理提供方向

企业的人力资源管理通常是以企业战略管理为方向，因此也称之为"战略型人力资源管理"。战略型人力资源管理是指企业为实现战略目标，将企业的人力资源管理作为完善企业组织架构、提高企业业绩、推进管理理念升级的管理模式。战略型人力资源管理的目的是增强企业的核心竞争力，提升企业在市场中的地位，从而确保企业战略目标的实现。所以从某种程度上说，企业战略管理进一步明确了人力资源管理的方向。

从上面的内容可以看出，企业战略管理与企业人力资源管理具有相辅相成的内在联系，企业要想发展必须两手抓，既要做好企业战略管理，也要做好企业人力资源管理。

1.2.2　企业战略与人才战略的匹配关系

企业战略与人才战略之间的关系是匹配关系，只有两者之间可以完美匹配，才能产生相互作用，提升企业的竞争实力。两者之间的匹配度越高，越利于达到企业战略与人才战略期望的效果。

企业战略主要包括竞争战略和发展战略两个方向，因此提升企业战略与人才战略的匹配度就是在探究竞争战略和发展战略与人才战略的匹配关系，了解并掌握它们之间的匹配程度。

（1）竞争战略与人才战略的匹配关系

企业的竞争战略通常分为成本领先战略、差别化战略和集聚化战略 3 种类型。

竞争战略与人才战略的匹配关系

① 与成本领先战略相匹配的人才战略

采用成本领先战略的企业主要以低成本为竞争优势，在市场中占一席之地，与之相匹配的人才战略的重点内容聚焦于工作岗位的设计和工作分析。当企业采用成本领先战略时，就要尽可能减少工作中一些不必要的问题、障

碍，打造一支高绩效队伍。与成本领先战略相匹配的人才战略的核心内容是确保人才的稳定性。

确保人才的稳定性，不仅体现在员工队伍要稳定，还体现在员工在工作职责范围内的工作表现也要稳定。其目的是减少人才的流失，尤其是要减少对企业贡献较大的骨干人才的流失，以及减少员工因在工作中表现不稳定或频繁出错而造成的生产成本的支出。除此之外，企业还应通过设计具有激励性的薪酬制度吸引合适的人才，并要尽可能避免招聘到不必要的人才，以降低人才成本。

②与差别化战略相匹配的人才战略

采用差别化战略的企业主要是以"差异化"为竞争优势的企业。企业的"差异化"主要体现在差异化的产品或服务，与之相匹配的人才战略的重点内容是人才储备和人力资本投资。因此，采用差别化战略的企业通常会招聘大量人才，组成人才储备库，储备各种专业人才。这样做可以有效提升企业的灵活性。同时，企业会将人才视为企业的投资对象，与人才建立长期的合作关系，让人才感受到较高的工作保障。此外，企业还重视帮助各类人才成长，会花费大量的时间和精力开展培训工作，不断地提升人才的能力。

③与集聚化战略相匹配的人才战略

采用集聚化战略的企业主要将企业的重心聚焦于某个特殊的细分市场或某一种特殊产品，为特定的区域或消费者提供特殊的产品和服务，以获得竞争优势。与之相匹配的人才战略的重点内容是企业管理者应有效授权，让员工参与决策。员工有较大的决策参与权意味着员工有一定的自主权，这能够大大提升他们对企业的归属感。同时，要求企业管理者为员工提供必要的帮助，让员工感受到企业的温暖，让他们拥有幸福感。归属感和幸福感有利于激发员工的积极性和创造性，有利于员工专心挖掘细分市场，或设计具有差异化的产品。

（2）发展战略与人才战略的匹配关系

企业的发展战略可分为单一经营发展战略、纵向整合式发展战略和横向多元化发展战略3种类型。

发展战略与人才战略之间的匹配关系

① 与单一经营发展战略相匹配的人才战略

采用单一经营发展战略的企业主要是通过较有优势的单一产品占领特定的市场，获得市场竞争优势。这类企业的组织结构的特点是为员工赋能，运行机制也比较规范。对于此类企业，一定要明确各部门员工的权责，且应对员工的工作经验提出严格的要求，必须在单一经营模式方面及其相关工作内容方面有比较丰富的经验。因此，与此类企业相匹配的人才战略是要留住有丰富工作经验的资深员工。为此，企业在人才战略方面要制定一整套具有吸引力的方案，如具有竞争力的薪酬制度、股权制度等，并且还要帮助员工做好职业规划。此外，在招聘员工和绩效考核方面，应设定合理的评价指标和评价标准，科学合理地评价和考核员工为企业做出的贡献。在培训员工时，一般以单一的技术培训为主，通过更有针对性的培训，提升培训效果。

② 与纵向整合式发展战略相匹配的人才战略

采用纵向整合式发展战略的企业会在运行机制上下功夫，这些企业通常采用规定性、职能型结构的运行机制。这种运行机制的特点是能够将控制和指挥权力集中于高层，更加关注各部门实际的工作效率和创造的价值。与之相匹配的人才战略强调的是员工的实际应用能力。因此，企业在招聘时应采用多种人才测评工具对员工进行筛选，设计客观的判断标准，以客观数据为依据，选择企业需要的人才。在员工的实际工作中，会以员工的实际工作绩效为考评依据。此外，因为采用纵向整合式发展战略的企业的业务链会向上游相关领域拓展，所以更加注重对员工进行专业知识和专业技能的培训，一般会采用轮岗制培养人才。

③ 与横向多元化发展战略相匹配的人才战略

采取横向多元化发展战略的企业经营的产品和企业的发展都是多元化的，组织结构的特点是事业部制或战略事业单位。这种情况下，与之匹配的人才战略多为发展式战略，其核心内容是为员工营造一个轻松、愉悦的工作环境，通过各种方式提升各部门之间以及员工之间的沟通效率和协作效率，保证企业各部门的目标与企业的战略目标一致。

在员工招聘方面，企业应采用系统化指标，例如简历有效率、面试通过率、新员工培训入职考核通过率等。在绩效考核方面，企业应依据员工对企业发展做出的贡献进行考核，例如员工是否认真履行工作职责、维护公司整体利益、为企业的发展提供建设性的意见等。此外，因为企业的发展是多元化的，所以在设计培训内容和培训方式时也应做到多元化，如跨部门培训。

　　企业战略的类型有很多，不同行业乃至同行业的不同企业所采取的企业战略都可能不同，因此企业在制定人才战略时首先应明确企业战略，然后研究与之相匹配的人才战略。在这个过程中，企业管理者要注意的是，企业战略和人才战略之间的匹配关系不是绝对的，而是相对的。也就是说，企业对企业战略与人才战略的匹配关系的研究和探索是一个动态过程，这个过程中任何事情都可能发生变化，二者之间具体如何匹配以及匹配程度如何都应根据实际情况而定。

1.3
企业人力资源规划保障体系

为了保障企业人力资源规划的顺利实施，企业管理者应建立有效的人力资源规划保障体系。人力资源规划保障体系主要包括组织体系保障、制度保障和技术保障 3 个方面。

1.3.1　组织体系保障

企业要巩固人才队伍在人力资源管理工作中的重要地位，通过制定人力资源规划和人力资源年度工作计划，并通过组织分工，对人力资源规划的组织体系以及具体内容、制定流程、职责等做出详细说明。在这个过程中，组织的相关人员要严格按照组织分工执行具体工作任务，并层层汇总至公司总部。公司总部要对各部门上报的数据和信息进行分析、总结，确保信息的合理性和完整性。各部门及相关人员在总结数据和信息时，要按照岗位、专业、工种分类进行人力资源信息的汇总与分析。最后，要以企业的业务发展战略为导向，综合平衡企业各部门、各岗位的人力资源分布与规模，制定企业人力资源规划，提出人力资源供求方面的保障方案和计划。

人力资源发展规划的制定关乎企业未来的事业发展，各级组织要充分重视，全面贯彻各项战略部署，聚焦企业定位和使命。同时，企业要加强对重大政策、重大改革方案的研究和落实力度，研究并提出本单位的具体推进措施，高质量完成本规划的相关要求，充分发挥各级领导机构的作用，建立规划实施的工作机制，做到强化责任、强化落实、强化效果。

此外，各级管理人员的综合素质和管理水平直接关系到企业人力资源规划的落地，因此应加强综合培训，使各级管理人员的人力资源管理基本素质、专业技能和管理能力得到全面提升。同时，企业要加强人力资源管理队伍的建设，规划并组织有关具体工作的系统培训。

最后，企业应通过专业的人力资源管理数字化平台，帮助企业构筑核心组织能力，实现战略驱动，增加人力资源部门在企业中的管理角色的分量，使企业的人力资源管理工作更准确和及时。通过不断优化各项人员管理流程，提高工作效率，改善人力资源部门对职工的服务质量，帮助企业实现战略性人力资源管理的变革。

1.3.2　制度保障

制度保障主要包括三个方面的内容：建立健全人力资源规划的相关制度、人力资本投入保障制度和制度落实监督辅导机制。

（1）建立健全人力资源规划的相关制度

完善的人力资源规划的相关制度可以推进人力资源规划的切实执行，确保人力资源战略规划的有效性。为此，企业应逐步建立健全相关制度，如对下属单位的"人力资源规划审核批复制度""人力资源规划执行差异分析制度""人力资源规划考核和审计制度""人力资源规划目标滚动调整制度""人力资源规划中期考核制度"，等等。

（2）建立健全人力资本投入保障制度

建立健全人力资本投入保障制度可以为开发和培养高质量的人才队伍奠定基础。为此，企业需加强人力资本投入结构和布局的顶层设计，实施促进人才投资优先保证的财务政策，合理保障对人才发展的投入，还要积极对人才发展相关资金、产业投资基金等投入进行引导。同时，企业要加大对新兴领域或重点领域紧缺人才的培养力度，加大对重点人才的支持力度，加大服务重大战略的人才工作投入力度，推进高层次政策分类支持、精准激励，形成定位清晰、公平透明、稳定预期的长效机制。

（3）建立健全制度落实监督辅导机制

对人力资源规划中制定的相应重点工作，要有对应的监督和辅导机制，以保障各项工作可以有效地按计划实施和落实。

1.3.3　技术保障

技术保障主要包括两个方面的内容：人力资源管理信息化和人力资源管理数字化。

（1）人力资源管理信息化

结合企业的人才发展可以让企业的人力资源规划中制定的规范、标准、流程固化，能够有效提高人力资源管理效率，实现更加科学化的管理。结合人力资源规划制定的标准和规范，可以集成人力资源管理信息系统，建立员工信息标准数据库、绩效指标库、人才库等。然后通过完善数据库内容，可实现在领域内的资源整合与数据共享，避免重复劳动以及信息不对称，便于查询、统计、分析，满足不同用户的不同需求，能全面及时地掌握整个人力资源的构成以及成本、开发和利用情况。

此外，基于员工信息数据库的建设，可构建综合化、多样化的共享服务与员工体验综合服务系统，便于整合必要的职业技能鉴定、职称申报、员工自助服务等拓展功能，扩大人力资源管理范围，提高各级人员参与人力资源管理的积极性，有效提升人力资源管理部门的工作效率和服务质量。

（2）人力资源管理数字化

数字化转型是对企业战略的重塑或调整。利用数字化技术，运用数字化思维，可以打造与企业战略相匹配的人力资源供应链，助力企业战略的重塑或调整。

数字化可以说是人力资源转型的核心，人力资源管理数字化具体是指利用数字化技术对人力资源部门进行变革，运用数字化工具为人力资源部门提供相关问题的解决方案，并不断尝试和创新人才管理方式。关于数字化在人力资源方面的应用将在第 4 章详细介绍。

综上所述，人力资源管理可以通过数字化平台改变，提升员工的整体体验；通过数字化及时管理、组织和领导变革；通过人力资源的数字化运营，转变员工的思维模式。从整体来看，数字化技术能够最大限度优化人力资本配置，将人才的价值最大化，形成员工与企业共赢的局面。

第2章

人才价值：

企业人才价值的发现与挖掘

　　对于所有企业来说，人才问题都是一个永恒且常新的话题。随着企业对人才问题不断深入的研究，各种新的见解和理论也涌现出来，人才价值理论就是其中一种。相关研究表明，从人力资源的角度发展与挖掘人才价值，对企业人才战略有着十分重要的指导意义。

○

2.1
人才价值

人才价值与企业发展息息相关，从某种程度上来说，人才价值的高低直接决定了企业战略目标能否实现。因此，企业要想实现战略目标，获得更长远的发展，就要采取一些策略和措施实现人才价值。

2.1.1　人才价值实质

说到人才价值，首先我们需要弄清人才价值究竟是什么，人才价值的实质又是什么。实际上，人才价值并没有一个准确的定义，根据业界人士对人才价值的研究，得出以下 3 种比较科学、规范的人才价值的定义，见图 2-1。

（1）对人的评价

人才价值是指人有（能提供）什么价值、用处、意义等，即对人的评价。例如，人的价值就在于发挥自己的能力，为企

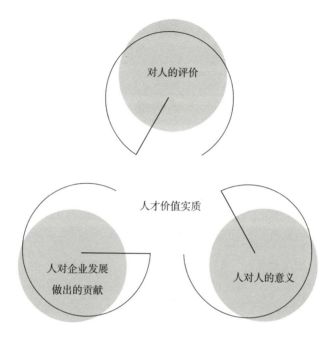

图2-1　人才价值实质

业和社会创造价值，满足企业或社会的某种需求。这种观点就是将"人"作为一个客体或价值提供者来看待的，它肯定了一切价值都是属于人的，是以人为目的，并由人来占有、享用的，但同时人也是价值客体，是将万物的存在和属性转化为人的价值的创造者。

（2）人对人的意义

该观点认为，人才价值是指"人对人的意义"，第一个"人"是客体（可以理解为产生价值的一方），第二个"人"

是主体（在企业组织关系中可以看作接受价值的一方），即强调人的价值的社会关系属性。该观点将"人"当作价值关系中的主体和客体。

（3）人对企业发展做出的贡献

该观点认为，人才价值是指企业中具有一定的专业知识或专业技能的员工对企业所付出的创造性劳动并为企业创造的价值。

基于以上 3 个观点，我们认为，人才价值是在人的对象性关系中发生和发展的，有主体价值和客体价值两个因素。在关系说的逻辑中，"人的价值"和"物的价值"都是客观价值，它们之间有相同之处，也存在不同之处。相同之处是无论是"人的价值"还是"物的价值"，作为价值主体的都是人，只有满足人的需要才具有价值。不同之处是在"物的价值"关系中主体是人，客体是物，而在"人的价值"中主体和客体都是人。

无论是从以上的 3 个观点，还是从关系说的逻辑中分析，都可以总结出：企业中人才价值的实质就是员工对企业的意义，即员工能够给为企业发展贡献的价值。

企业要想实现人才价值，首先必须明确人才价值的实质是什么。只有明确了人才价值的实质，企业管理者才能围绕人才价值的实质对人才进行选择、留用、培养，才能实现人力资源的最大化，为企业创造更大的价值。

2.1.2　人才价值和非人才价值的关系

根据人才价值的性质可以将人才价值分为两种：人才价值和非人才价值。两者之间是特殊与一般的关系，人才价值是特殊，非人才价值是一般。

人才价值是非人才价值的一种特殊表现形式。二者之间最主要的区别就是人才与非人才之间的区别。人才的思维比较活跃，创造力较强，能够进行创造性劳动，获取理想的劳动成果。因此，人才能够更大限度地满足企业发展和社会发展的需求。非人才的思维不是十分敏捷、对事物的认知比较浅，缺乏创造力，虽然也能获得一定的劳动成果，但是他们只能满足企业发展和社会发展的部分需要。可见，人才价值和非人才价值之间存在很大的差别。

但是人才价值和非人才价值的差别并不是固定的，也不是无法改变的，两者之间在一定条件下可以实现相互转化。非人才可以通过学习、参与实践活动等方式，不断地提升自己的综合能力，培养自己创造性劳动的能力，从而获得理想的劳动成果，成功转化为人才，具有人才价值。相反，如果人才不思进取，不保持持续学习的习惯，其综合能力就会下降，渐渐失去进行创造性劳动的能力，慢慢地就会从人才转化为非人才。

　　企业在培养人才的时候要注意人才价值与非人才价值之间的关系，要采取一些措施和方法将非人才价值转变为人才价值，要注意避免人才价值变为非人才价值，从而确保人才价值的最大化。

2.1.3　人才价值主体和人才价值客体的复杂性

　　价值其实是一种效益关系，指的是主体需要被客体满足和客体用自身属性满足主体需要。也就是说，价值是一种关系范畴，主要包含两个方面的要素：主体的需要和客体的属性，价值主体和价值客体之间构成的满足与被满足的关系中就包含了价值。人才价值也包括人才价值主体和人才价值客体，实现人才价值的前提是注意到关系的复杂性，处理好两者之间的关系。

　　人才价值主体通常是指企业、组织、团队，人才价值客体通常是指员工。人才价值主体和价值客体主要存在两方面的复杂性，见图 2-2。

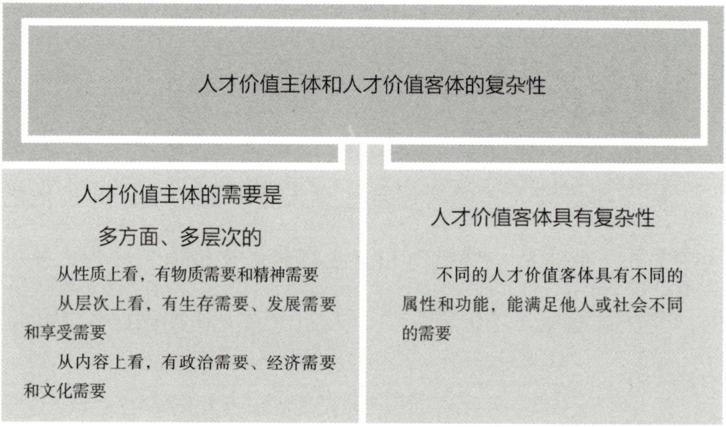

```
┌─────────────────────────────────────────────────┐
│ ┌─────────────────────────────────────────────┐ │
│ │        人才价值主体和人才价值客体的复杂性      │ │
│ └─────────────────────────────────────────────┘ │
├───────────────────────┬─────────────────────────┤
│   人才价值主体的需要是  │    人才价值客体具有复杂性 │
│     多方面、多层次的    │                          │
│   从性质上看，有物质需  │    不同的人才价值客体具有 │
│ 要和精神需要            │  不同的属性和功能，能满足 │
│   从层次上看，有生存需  │  他人或社会不同的需要     │
│ 要、发展需要和享受需要  │                          │
│   从内容上看，有政治需  │                          │
│ 要、经济需要和文化需要  │                          │
└───────────────────────┴─────────────────────────┘
```

图 2-2　人才价值主体和人才价值客体的复杂性

（1）人才价值主体的需要是多方面、多层次的

从性质上看，有物质需要和精神需要。例如，企业需要员工为企业提升业绩、创造价值，这属于物质需要。企业需要员工发挥企业精神，弘扬企业文化，这属于精神需要。

从层次上看，有生存需要、发展需要和享受需要。生存需要是指企业需要员工发挥自己的价值，确保企业可以生存下去。一般来说，一些小型企业或初创企业的生存需要比较强烈。发展需要是指企业需要员工通过创造性的工作进一步发挥自己的潜能，为企业创造更多的价值，推动企业不断发展。当企业有一定的实力后，对发展需要的追求就比较强烈。享受需要是指企业需要拥有核心实力、综合实力的员工为企业不断创造价值，使企业可以处于享受状态。一些实力雄厚，发展比较迅速的企业对享受需求的追求比较强烈。

从内容上看，有政治需要、经济需要和文化需要。坚持政治正确是企业的基本责任，也是企业发展的前提，所以企业需要有相关人才能够根据企业面临的政治环境的变化，将政治手段纳入企业的运营和管理中，使企业可以稳步发展。经济需要简单地说就是企业需要相关人才为企业创造利润。所有企业的最终目的都是盈利，人才价值最直接的体现也在于此。文化需要是指企业需要相关人才帮助企业构建文化、弘扬文化，让企业文化深入每一位员工的内心，推动企业不断地发展。

从以上的内容可以看出，人才价值主体的需求是多方面、多层次的，有一定的复杂性。不过，人才价值主体的复杂性也为人才价值客体提供了广阔的成长空间。人才可以从性质、层次和内容上对主体的需求进行探究，从而形成具备不同能力的人才，可以更大程度、更大范围地满足主体的各种需要，凸显人才的价值。

（2）人才价值客体具有复杂性

不同的人才客体具备的能力不同，能够满足的企业或社会的需要也不同。即使是同一个人才客体，其自身也具备了多种不同的能力。

> 例如，A员工沟通能力较强，B员工设计能力较强。A员工除了沟通能力强，还具有较强的营销能力，B员工除了设计能力较强，还有较强的策划能力。

所以，人才价值客体与人才价值主体一样，都具有一定的复杂性。人才价值客体的复杂性可以为人才价值主体提供更多的选择空间，利于人才价值主体培养不同类型的人才，建立强大的人才队伍。

人才价值主体与价值客体是有机统一的关系。只有当价值客体的能力与价值主体之间产生满足与被满足的关系时，人才价值才能得以体现。也就是说，并非所有的人才都能满足企业的价值需求，只有真正参与企业的实践活动，成为价值主体重视并培养的人才，并与价值主体的需要发生效益关系的价值客体才有价值。企业要想实现人才价值，就必须明确并谨记这一点。

2.1.4 人才价值评价的重点是人才的贡献

人才是企业的核心资源，可以推动企业的发展。企业要想获得更长远的发展，就应当重新、深入认识人才的特点和价值。企业管理者应明确不是所有员工都可以称之为人才，只有掌握了一定的专业知识和专业技能，能够进行创造性劳动，积极为企业创造价值的员工才能称之为人才。也就是说，企业在对人才价值进行评价时，应聚焦于人才对企业做出的贡献上。企业研究人才价值的本质其实就是研究人才对企业的贡献，然后在此基础上帮助人才更好地创造价值以及实现价值增值。

企业在对人才价值进行评价时可以制作一张人才贡献评价表（表 2-1），单项满分为 10 分。

表 2-1　人才贡献评价表

被评价者的个人资料：

姓名	性别	年龄	部门
评估日期	任职时间	职位	—

工作相关标准	评价因素描述	评分等级	
		自我评价	主管评价
工作责任感	有维护组织利益的行为表现		
	乐意接受额外的任务和必要的加班		
	愿意为工作结果承担责任		
	不无故迟到、早退，能保证良好的出勤率		

续表

工作相关标准	评价因素描述	评分等级	
		自我评价	主管评价
客户服务意识	认真倾听客户的诉求，发现客户需求，积极帮助客户解决问题		
	尽可能满足客户提出的合理需求		
	给客户提供额外的帮助		
工作品质	服从上级指示		
	遵守规章制度和业务规程		
	在无监督的情况下保证工作质量		
工作效率	按时完成工作任务		
	根据需要主动调整和加快工作进度		
	能在规定允许范围内调整和加快工作进度		
工作技能	具备良好的沟通能力和理解能力，能够准确理解工作任务		
	具备较强的发现和解决问题的能力，能够及时发现问题并采取有效措施解决问题		
	能够根据当前的工作性质和要求灵活地运用自身的知识和技能，进行创造性劳动		

续表

工作相关标准	评价因素描述	评分等级	
		自我评价	主管评价
工作技能	具备岗位要求必备的专业知识和专业技能，能够独立、高效地完成岗位的工作任务		
团队合作	愿意与他人分享经验和观点		
	采用合适的方式表达自己的不同意见		
	与团队成员和其他部门保持良好的协作关系		
	积极参与团队工作，帮助团队实现目标		
	能为团队利益牺牲个人利益		
个人发展	相信自己的能力，愿意主动挑战难度比较大的工作任务		
	对自己的工作有一定的要求，能够设定工作目标，愿意并敢于承担责任		
	有清晰的个人发展计划和培训需求		
	以积极的态度接受与工作相关的培训		
	能够合理安排并利用个人时间以提升专业知识和技能		

注：评价标准和操作说明（平均分）

A（10分）出色：绩效成绩优秀，始终超出本岗位常规的标准要求。

B（8分）优良：绩效成绩经常超出本岗位常规的标准要求。

C（6分）可接受：绩效成绩经常维持或者偶尔会超出本岗位的常规标准要求。

D（4分）需改进：绩效成绩基本维持或偶尔超出本岗位的常规标准要求。

E（2分）不良：绩效成绩总是低于本岗位的常规标准要求。

F（0分）不合格：绩效成绩过低，没有为企业做出任何贡献。

不同企业的人才的贡献不同，企业管理者可以参考表2-1的内容，结合企业的实际情况设计表格内容，做到科学、合理地评价人才的贡献。人才对企业的贡献越大，人才价值就越大，越利于企业未来的发展。

2.2
构建企业人才价值体系的 3 个维度

人才价值指能够满足组织需要，可以为组织提供创造性劳动，并为组织做出贡献。从这个角度来看，企业的人才价值是多元的，因此对人才价值的定义和评价也应当是多元的。为此，企业应该建立多元化人才价值体系，从多维度对人才价值进行定义和评价。

一个完善、系统的人才价值体系一定是从思想到能力再到行动的体系，这种体系能够全面评价人才价值。因此，构建企业人才价值体系要从 3 个维度进行，分别为意识维度、能力维度和行为维度（图 2-3）。

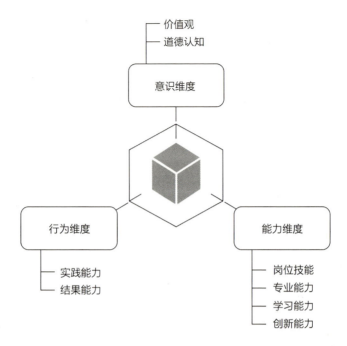

图2-3　构建人才价值体系的3个维度

2.2.1　意识维度

意识维度是指人才对事物的认知程度，认知程度越高越利于实现人才价值。人才价值体系的意识维度主要包括价值观和道德认知两个方面。

（1）价值观

价值观是人们基于对具体事物价值的认识，形成对事物价值的总体认知和理解。人才价值观的形成受诸多因素的影响，如年龄、受教育程度、家庭背景、生活经历、生活方式、兴趣爱好等，所以不同人才其价值观也不同。但是，企业在构建人才价值体系时，必须要求人才具备正确的价值观。

企业人才应该具备的正确的价值观

①爱岗敬业。"在其位谋其职"，员工热爱岗位，并且会严格按照岗位职责要求执行工作任务。

②做更优秀的自己。员工会与自己进行比较，也会与其他同事进行比较，从而看到自己的不足，并积极改进，做更优秀的自己。

③勇于承担错误，敢于承担责任。员工在工作中犯了错误会勇于承担责任，并且会积极主动寻找解决问题的方案。

④群策群力，携手同行。员工有较强的主人翁意识和团队精神，能够积极融入团队，促进团队建设，善于利用团队的力量解决问题。此外，还要善于和团队成员沟通、协作，不将个人喜好带入工作，在解决冲突时坚持"对事不对人"的原则。

　　人才的价值观体现在多个方面，企业需要从各方面关注人才的价值观，确保人才具备正确的价值观。所谓正确的价值观主要看人才的价值观是否能融入企业的整体价值观中，并促进企业战略目标的实现。所以，如何让员工将个人价值融入企业的整体价值中，实现个人价值和企业价值的整体平衡，是企业管理者面临的一项重要课题，也是构建企业人才价值体系的关键。

（2）道德认知

道德认知是指人才对企业中客观存在的道德关系及如何处理这种关系的原则和规范的认知。良好的道德认知是人才必备的基本素质，所以，企业对人才的道德认知也有着严格的要求。

下面为某企业的人才道德标准的部分内容。

XXX 有限公司

企业员工道德标准

①不因个人的事情、个人行为影响工作职责的正常履行。

②杜绝工作态度不端正、无故耽误或拖延工作等不良行为。

③诚实守信是我公司与客户、股东以及其他利益相关者之间的基本准则，也是企业与员工，员工与员工之间关

系的基本准则，企业所有员工都必须遵守。

④员工要恪守商业道德，不得做出任何不守信用的行为。

⑤员工应严格遵守中华人民共和国现行法律、法规和监管要求，严格遵守公司规章制度。

⑥员工从事非本职岗位的业务活动时，应遵纪守法，杜绝从事与公共利益、公共秩序、社会公德相违背的活动，严禁做出可能影响我公司及个人形象的不良行为。

⑦未经我公司授权或批准，不得向外界透露我公司的商业机密，如密级文件、未经公开的业务数据等。

⑧不得向无关人员泄露与业务或职务有关的信息、资料、成果。

不同性质的企业价值观不同，道德标准也不同，因此，企业管理者构建人才价值体系的意识维度时，应根据企业的实际情况设立与企业相符的价值观和道德标准。

2.2.2　能力维度

能力维度是指对人才的个人能力的要求，主要包括 4 个方面的内容：岗位技能、专业能力、学习能力和创新能力。

（1）岗位技能

岗位技能是指与岗位要求密切相关的专业知识和专业能力。根据我国的具体情况，岗位技能可以定义为按照国家规定的职业标准，通过政府授权的考核鉴定机构，对劳动者的专业知识和技能水平进行客观公正、科学规范地评价与认证的活动。例如，电工上岗需要具备"特种作业操作证"（上岗证），律师上岗需要具备"法律职业资格证书"。

岗位技能是一些工作的准入条件，也就是说，如果人才不具备岗位技能，那么就不符合岗位要求，无法进入企业工作，更谈不上为企业提供价值。当然，并不是每一个岗位都有岗位技能要求，通常一些对技术要求比较高的岗位会要求具备岗位技能。此外，不同岗位的技能要求不同，企业管理者应根据相关政策、岗位的性质、工作内容等确定岗位技能要求。

目前我国比较常见的必须具备岗位技能的岗位及需要的岗位证书有：教师上岗需要具备"教师资格证书"，消防工程师上岗需要具备"一级注册消防工程师资格证书"，导游上岗需要具备"导游员资格证书"等。

（2）专业能力

专业能力是指具有从事某一项职业必须具备的能力，表现为任职资格。

某公司 Web 前端开发工程师的岗位技能要求

①熟悉 HTML/XHTML、CSS，能熟练运用 DIV+CSS 布局，可使用 HTML5、CSS3、JavaScript 等相关技术开发 Web 前端页面。

②熟练掌握 JavaScript 语言以及相关知识，如：DOM、BOM、Ajax、JSON 等。

③至少熟悉目前主流的 JS 框架中的 2 ~ 3 种，并有实际经验，如：jQuery、Bootstrap、Backbone 等。

④有良好的代码习惯，熟悉前端代码规范和命名规范，代码结构清晰，代码冗余率低。

专业能力是能力维度的核心，人才具备了一定的专业能力后可更好地胜任岗位工作，并为企业创造价值。所以，企业管理者要十分重视对人才专业能力的评价和培养。

不同岗位对专业能力的要求不同，企业管理者应当根据岗位性质、工作内容确定岗位所需的专业能力。

（3）学习能力

学习能力是人才的核心竞争力，更是企业的核心竞争力。

员工只有具备较强的学习能力，才可能成为企业的人才，才能实现人才价值。员工只有具备持续学习的能力，才能够不断提升自我，实现创新发展，企业才能有持续发展的动力。

学习能力的 5 个能力要素

①专注力。员工的专注力越强，越能够高效阅读信息，快速学习相关知识。

②记忆力。记忆力分为长时记忆、短时记忆、瞬时记忆，好的记忆力可以帮助员工记住以前和当下学习的知识，让员工在学习新知识的时候可以回忆起旧知识，进而做到融会贯通，以便更好地掌握新知识。

③判断力。判断力是指筛选信息的能力，能够对事件进行初步判断，并做出有效决策。例如，销售部门在决定选择市场营销方案时，员工可以很快判断出哪一种方案的市场反应较好，可以获得更多利润。

④整合力。整合力是指能够运用新知识，对自己所掌握的知识进行结构化梳理，并且有逻辑地表达出来。例如，员工可以对自己的工作进行复盘总结，并将成功的经验分享给团队其他成员，供他们借鉴。

⑤内驱力。内驱力是指可以推动员工不断学习的能

力。例如，员工为了实现自我价值而主动学习新知识，其内驱力就是实现自我价值。内驱力让员工有学习的动机和兴趣，让员工不断学习，并给员工带来共创及主动构建的意识。

当员工具备以上 5 种能力时，就可以认为他们具备较强的学习能力。所以，企业可以从以上 5 种能力要素入手，帮助员工构建能力维度中的学习能力。

（4）创新能力

创新能力是指员工在工作中不断提出新观点、新方法，做出新发明的能力。员工的创新能力越强，越利于发挥自身价值，提升工作效率。从某种程度上说，企业创新能力的强弱是由员工的创新能力决定的。员工的创新能力越强，意味着企业创新能力越强，越能获得更好的发展，员工也可以给企业提供更多价值。所以，评价员工的能力就必须对员工的创新能力进行评价。

创新能力的 5 个能力要素

①想象力。想象力是指在已有形象认识的基础上构建新形象的能力。想象力越丰富，越能够创造出更多新形

象，这是创新能力的基础。

②分析力。分析力是指人对事物的研究、认识的技能和本领。分析力越强，对事物的研究和认识越深刻，越利于提出新的想法。

③批判力。批判力是指评估一个事情好坏的能力，要求人才有较好的逻辑思维。批判力强意味着人才能够快速发现问题，从某个角度来说，这也意味着人才有了新的观点。

④综合力。综合能力是指将客观的对象看成一个整体进行研究、认识的技能和本领。综合能力越强，意味着人才的大局意识越强，能够站得高、看得远、看得新。

⑤实践力。实践是检验理论、想法的标准，人才的实践力强意味着人才会不断地实践，这个过程中很容易产生新想法、新观点。

企业之间的竞争已经演变成人才之间的竞争，而人才之间的竞争说到底是人才价值之间的竞争。人才价值越高，越利于企业的发展。所以，企业管理者要构建系统的、全面的人才价值体系，以不断提升人才价值。

2.2.3　行为维度

行为维度是指员工在工作中的行为表现，企业衡量员工的价值可以从员工的行为表现来衡量。行为维度主要有两个方面的内容：实践能力和结果能力。

（1）实践能力

实践能力是指人才在工作中形成的人的基本活动技能，简单地说就是将所学的知识、技能以及积累的经验运用到实际工作中，从而提升工作效率。实践不是盲目的，而是为实现目标有计划、有步骤的个人或团队的行为。

实践能力包含的主要内容

①收集并处理信息的能力，获取新信息和新知识的能力。

②合作能力、交际能力、社会活动能力。

③观察事物、发现问题、汇总现象、提出问题、体验实践、分析问题的能力。

④思维活跃，解决问题的能力。

⑤共同发展提高，互相交流成果的能力。

实践能力还可以分为 3 个层次，如图 2-4 所示。

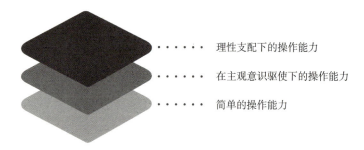

理性支配下的操作能力

在主观意识驱使下的操作能力

简单的操作能力

图 2-4 实践能力的 3 个层次

第一个层次：简单的操作能力。带有较大的被动成分，即需要在管理者的强烈要求下员工才会投入实践。

第二个层次：在主观意识驱使下的操作能力。带有极大的主动因素，即管理者没有要求，员工也会主动投入实践。

第三个层次：理性支配下的操作能力。具有完整的实践目标、实践步骤、实践成果和实践反思。这种实践能力能够进一步确保实践的有效性，即便实践失败也可以从失败中获取宝贵的经验。

第三个层次的实践能力才是企业构建人才价值体系时需要的实践能力，所以企业管理者在衡量员工的实践能力时，不能只看其是否具备简单的操作能力，还要看其是否具备理性支配下的操作能力，即较为系统、完善的实践能力。

实践强调的是行为的体验过程，主要是要让员工在工作中明确"如何做"。只有这样，他们才能够顺利、高效地完成每一项工作任务，为企业创造价值。

（2）结果能力

最能体现出员工行为价值高低的就是结果。换句话说，要想了解员工行为是否为企业创造了价值，就要看员工在工作中取得了什么样的结果。所以，构建企业人才价值体系不仅要包含意识维度和能力维度，更要包含行为维度中的结果能力。换句话说，企业要强调员工的每一个行为都必须符合结果的要求，否则就没有价值和意义。

管理工作的结果导向实际上就是一切用数字说话，即以具体的绩效成绩作为评价标准。

> 例如，销售员某个月的个人绩效目标是达到2万元的销售额，但是实际只完成了5000元，那么该员工的实际工作结果就不理想，无法更好地体现其自身的价值。

人才价值体系虽然强调员工的工作结果，但是也强调员工的工作过程，即要从结果的角度出发来监督、指导实践过程，旨在帮助员工在过程和结果中实现双赢，从而实现自我价值。

第 3 章

人才成长：

企业人才培养与发展路径

从某种程度上说，企业的发展速度取决于人才的成长速度。人才的成长速度越快，企业的发展速度就越快。所以，企业要想快速发展就要做好人才培养，积极拓展人才发展途径。

3.1
人才赋能：引导员工向人才方向发展

在企业里，员工是为实现企业目标而完成组织行为的最小单元，他们的行为能力决定了组织的能力与发展。员工越积极努力、勤于思考、完善自身行为，团队越充满活力和动力，企业越能获得健康、长久的发展。所以，员工的成长发展是企业发展的基础，企业要想获得健康、长久的发展就要对员工进行赋能，这是人才培养与发展的重要一步。

赋能，在企业管理领域，简单地说就是通过一定的方式赋予员工能力。企业要通过创造性的工作帮助员工实现能力增值，将员工培养为企业的人才，如图3-1所示。

影响赋能的因素有5个，分别是个人主观意愿、个人知识结构、个人情商与价值观、组织激励、平台与个人发展的动力，可以分类为组织因素和个人因素。也就是说，解决影响赋能的5个因素要从组织和个人层面进行，即要进行组织赋能和自我赋能。

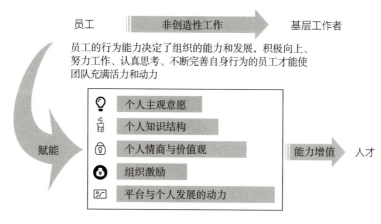

图 3-1　企业的人才赋能

3.1.1　组织赋能：通过能力提升培养员工

阿里巴巴学术委员会主席曾鸣曾说："未来组织最重要的管理任务是赋能，而不再是管理或激励。"组织赋能可以提升员工能力，让员工更好地为企业创造价值。

何为组织赋能？很多人将其简单地理解为单纯的下放权力，即尊重员工，特别是一线员工的自主权和决策权。事实上，组织赋能主要是通过一些恰当的方式提升员工能力，使员工在工作中向企业人才发展。这意味着组织对员工的尊重、重视、责任和期待，能够使员工的驱动力由"外部驱动"转换为"内部驱动"，形成更加强大的驱动力，激励员工完成目标，达到理想的绩效结果。

组织赋能的关键在于要懂得将简单的工作场所打造成赋能的场景。可以从以下 3 个方面入手（图 3-2）。

组织赋能

做好"放管服"改革，为员工提供绩效支持

促进沟通网状化，形成有效反馈

构建学习型组织，形成发展合力

图 3-2　组织赋能

（1）做好"放管服"改革，为员工提供绩效支持

"放管服"是指"简政放权，降低准入门槛；创新监管，促进公平竞争；高效服务，营造便利环境"，这是我国提出的全面深化改革的重要内容。这种改革政策能够有效提高管理的有效性和针对性，使市场活而不乱。组织赋能追求的也正是这种效果，所以企业管理者要做好"放管服"改革，合理下放权责，营造一个活而不乱的赋能环境，为员工提供绩效支持。

在为员工提供绩效支持的过程中，管理者要将员工视为企业最大的战略资产，要关注员工输出所需的输入，并给予员工自主的空间，采取一些激励措施，鼓励员工自主创新。这样才能实现员工的个人目标和企业的战略目标的统一，成功将员工向企业人才的方向培养。

（2）促进沟通关系网格化发展，形成有效反馈

团队实现有效反馈，可以提升信息的流转速度，加速组织管理的信息化，从而提升团队的沟通与协作效率，并且还能更好地整合、优化资源，使组织资源价值最大化。这些都是赋能场景中不可缺少的因素。为此，企业要建立一个开放、合作、互动的平台型组织，促进沟通关系呈纵向、横向全面网格化发展，使团队成员之间、上下级之间形成有效反馈。

为了提升反馈效果，企业管理者要采取措施鼓励员工积极沟通，还需要监督员工工作的过程，了解赋能的进展，对员工提出的问题和意见及时反馈和跟进，积极帮助员工解决问题，落实员工提出的合理建议。这样才能及时帮助员工发现问题、解决问题，从而提升员工能力，实现组织赋能。

（3）构建学习型组织，形成发展合力

学习型组织是指通过提供学习途径，营造学习氛围，提升员工的自主学习能力，而构建的能够持续发展的组织，这种组织方式可以有效实现组织赋能。

企业管理者在构建学习型组织时应当改变自己的固有认知，不再将员工仅仅视为企业雇用的员工，而应视为企业发展的核心资源和企业的合作伙伴。同时，还应深入了解企业每一位员工的个人情况和学习需求，把握不同年龄、不同岗位、不同教育背景的员工在学习需求上存在的差异。然后根据员工的不同学习需求提供针对性的培训，打造全员学习的组织，促使员工不断地学习，不断提升自己，形成共同发展的良好合力。

组织赋能，就是为员工打造一个赋能型组织，促进员工不断地学习、成长和创新，充分发挥员工的能力，帮助企业创造价值，增强企业的市场竞争力。

3.1.2　自我赋能：通过责任和权力激活自身的能量

人才赋能，顾名思义，就是指员工根据自身情况，通过更多的责任和权力赋予自身能力或能量。与组织赋能相比，自我赋能对激励员工成长更加有效，因为员工懂得自我赋能就意味着他们会主动思考，能够进行创造性劳动，这远比在传统模式下被动地接收领导的命令完成劳动产生的价值更大。

具体而言，自我赋能可以重点围绕以下两个方面进行，如图 3-3 所示。

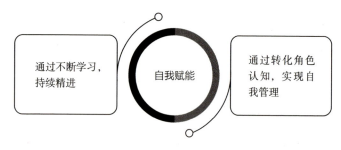

图 3-3　自我赋能

（1）通过不断学习，持续精进

自我赋能最为简单直接的方式就是学习。员工要想实现自我赋能，就要通过不断学习，持续精进。

员工需要重点关注以下 5 个方面

①要充分利用各种学习资源和学习工具，学习工作相关的知识和技能。相关知识和技能储备越丰富越利于实现自我赋能。

②要懂得将自己掌握的知识和技能运用到实践中，然后对其充分进行理解，并将实践经验转化成自己的知识，建立自己的知识库。

③要不断优化解决问题的方式和手段，快速、高效地解决问题，提升解决问题的能力。

④明确实际完成的绩效成绩与期待绩效成绩之间的差

距，分析差距存在的原因，积极寻找改进措施，提高绩效
成绩。

⑤保持良好的工作态度，认真对待工作、全面看待工
作中存在的问题。

员工通过持续不断的学习可以有效激发自己的创造性思
维，为自己持续地深度赋能，用可靠的成果来回应组织的期待。

（2）通过转化角色认知，实现自我管理

自我赋能要求员工善于自我管理，只有员工能够实现自
我管理，他们才能更好地对自己进行赋能。员工可以通过转化
角色认知的方式，实现自我管理。

员工转化角色认知通常建立在组织赋能的基础上，组织
赋能会下放一定的权力和责任，当员工获得一定的权力，担负
一定的责任后，便可以由此转化角色认知，实现自我管理。

具体来说，员工要从以下 3 个方面转化角色认知：

①员工作为企业的价值创造者，要将自己的角色由被动
执行的执行者变为能够自我管理和管理他人的"专家"。当员
工发生这种转变时，一种作为主人翁的责任感会油然而生。在
这种感觉下员工会主动、积极地投入工作，发挥自己的潜能。

②员工将个人目标与企业战略目标有机结合，将个人的

发展与组织的未来联系起来，主动参与企业的经营活动中，督促自己不断前进、成长。当个人目标与企业的战略和规划有机结合起来时，员工与企业就是一个合二为一的整体。这时员工不仅是在为企业工作，更是在为自己工作，因此会做好自我管理，为企业贡献自己的价值。

③在心理层面实现从雇用关系向伙伴关系的转化。如果员工认为自己与企业之间只是单纯的雇用关系，那么他们通常只会遵循企业的规章制度，按部就班地完成工作任务。在这种工作状态下员工很难实现自我赋能。相反，如果员工将自己视为企业的合作伙伴，那么他们就能将工作当成自己的事业，愿意积极主动地提升自己，为企业创造价值。

自我赋能概括来说就是不断地进行学习和自我管理，企业管理者可以从这两个方面引导员工进行自我赋能，让员工成为企业需要的人才。

3.2
企业人才的发展路径

企业人才的发展路径，是指采取一定的方式和策略，为人才的发展明确方向、路径，实现从普通员工到人才的转变。

3.2.1　员工能力成长的 3 个阶段

企业人才要想取得更好、更快的发展，必然要促进员工能力的成长。员工能力的成长主要有 3 个阶段，如图 3-4 所示。

图 3-4　员工能力成长的 3 个阶段

（1）认识阶段

认识阶段是员工能力成长的基础阶段，也可以称为员工的自我发展阶段。员工在这个阶段的主要任务是通过各种各样的方式吸收外部信息和知识，形成完善的认识体系。

员工的认识体系的主要内容

①对企业的认识

员工通过各种渠道了解企业的相关信息，对企业进行一定的了解。在此基础上，员工可以规划自己的职业生涯，明确自己的未来发展方向。

②对岗位的认识

通过岗位实践，员工逐渐了解岗位的工作内容、职责以及相关要求，明确工作方向和要求。

③对自我的认识

自我认识是员工对自己的洞察和理解，正确的自我认识可以帮助员工认识自己的优势和劣势。

对于企业来说，在认识阶段很重要的一点是用什么样的培养方式和方法能让员工获得足够的能力，以满足岗位和职业发展要求，提升其对企业发展的认识。例如，企业可以通过培训课程让员工认识企业和岗位，并采取一定的激励手段激励员工转化行为能力。

（2）转化阶段

转化阶段就是将在认识阶段中获得的知识和信息进行转化，变成员工意识体系中的驱动力，帮助员工形成认知体系。认识阶段是构建知识体系，转化阶段是构建认知体系。认知体系是自己的，知识体系是外部的。

当员工能够基于自我认知和外部条件的需要构建认知体系时，他们就会知道如何规范自己的行为，如何为企业贡献自己的价值。相反，如果知识无法转化为认知，那么所学的知识就是无效的，员工也无法得到成长。所以员工能力的转化阶段至关重要，决定了员工是否能获得进一步的成长，企业应重视这个阶段的工作，采取相关措施帮助员工构建认知体系，例如与员工进行深入沟通，为其提供相应的帮助。

（3）实践阶段

实践阶段就是员工通过在转化阶段中形成的认知体系，驱动和指挥自己的行为表现。通俗地说，就是基于正确的认知，将所学的知识和技能运用到实际工作中。实践阶段是员工能力获得成长的重要阶段。

管理学中有个知名的学习法则——"721 学习法则"，是指 70% 的知识经验依靠工作实践获得，20% 来自向身边有经验的人学习，10% 来自常规的培训课程。也就是说，只有通过实践，员工才能学会如何做好工作，如何不断优化、调整自身行为，力争为企业贡献自己的最大价值。

以上 3 个阶段是员工在自我能力发展过程中最根本的循环过程，员工可以将对知识、事物的了解和认识，转化形成知识和认知体系，再通过这种体系去驱动自身的行为，最后运用在工作实践中。这样就形成了一个行为循环，如图 3-5 所示。

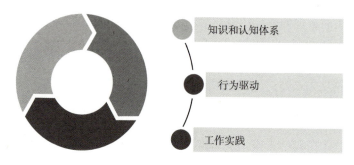

图 3-5　员工在自我能力发展过程中的行为循环

在行为循环中，员工分析问题、解决问题的能力就可以不断地提升，最终整体能力便可以得到提升。所以，作为企业管理者要关注员工能力成长的这 3 个阶段，帮助他们完成每一个阶段的成长任务。

3.2.2　人才发展增值模型

人才增值是指企业既要留住优秀的人才，又要采取各种措施和策略激励人才创造增值价值。如果人才不能创造增值价值，那么人才迟早会变成企业不必要的成本。因此，企业管理者需要建立人才发展增值模型，帮助人才创造增值价值。

人才发展增值模型如图 3-6 所示。

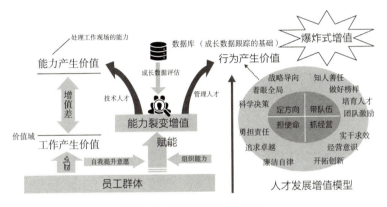

图 3-6　人才发展增值模型

人才发展增值模型就是企业采取一定的策略和方式，使普通的员工群体通过组织力量和自我提升意识的驱动，再经过相应的赋能行为，使其在能力和意识上产生增值价值。这个过程可以让员工从普通员工向企业人才转变，满足企业对企业人才的定义。从图 3-6 中我们可以看出，这个转变可以分为两个方向，即技术人才方向和管理人才方向，技术人才通过能力产生价值进而创造增值价值，管理人才通过行为产生价值进而创造增值价值。

技术人才通过能力创造增值价值就是运用掌握的知识和技

能处理工作现场的问题，完成工作内容，为企业创造增值价值。管理人才要通过行为创造增值价值，如制定战略、带领团队。由于技术人才涉及技术层面的内容比较多，在此无法一一阐述，所以下面重点介绍管理人才可以通过哪些行为创造增值价值。

（1）定方向

定方向是指管理活动要制定总目标。只有目标明确，人才才能朝着既定的方向发展，才有望创造增值。

管理人才在定方向层面的行为要求

①战略导向

战略导向是指管理人才的一切行为都必须在企业战略的指导下进行。换句话说，管理人才在工作中的所有活动、行为都必须与企业发展战略保持一致。只有这样，企业才能形成发展合力，管理人才才能创造增值价值。

②着眼全局

着眼全局是指管理人才要具备全局观，坚持用从系统整体及其过程出发的思想和准则定方向。这样管理人才才能看得长远、看得准确。

③科学决策

科学决策是指在科学理论的指导下，采用科学的分析方

法，做出科学的、合理的、符合客观实际的决策活动。管理人才只有懂得科学决策，才能找到适合企业发展的方向。

方向对了，结果就对了。所以管理人才要想创造增值价值，确定明确的方向至关重要。

（2）带队伍

管理活动简单地说就是带队伍，带好队伍是管理人才创造增值价值的关键行为。

管理人才在带队伍层面的行为要求

①知人善任

知人善任是指管理人才善于了解员工的才能和品质，并将员工放在合适的岗位，最大限度地发挥员工的作用。这一点是带队伍的基本技能，要求管理人才要懂得考察、识别、选择人才，做到人岗适配。

②做好榜样

管理者的本质是管理自己，给他人做好榜样。当管理人才能够严格管理自己，不断提升自己时，员工也会以管理人才为榜样，严格要求自己，不断提升自己。整个团队也就有了活力和干劲，团队业绩也会不断地提升。

③培育人才

培育人才是指采取一定的方法对员工进行培训、教育，帮助员工不断提升自己，发挥潜能。人才是企业的第一资源，是企业发展壮大的根本。管理人才善于培育人才其实就是在帮助企业增强核心竞争力，为企业创造价值。

④团队激励

团队激励是指管理人才懂得采取措施和策略激励员工，激发员工的潜能。例如，通过发放绩效奖金的方式激励员工不断创造更高的绩效。

会带队伍意味着管理人才能够让队伍里的每一位员工发挥自己的潜能，为企业创造增值价值。

（3）抓经营

企业的根本目的是赢利，因此，管理人才要善于抓经营，为企业创造利润。

管理人才在抓经营层面的行为要求

①实干求效

实干求效是指管理人才踏踏实实地做事，力争取得理想的工作成果。

②经营意识

经营意识是指管理人才对待经营的态度，由于管理人才主要通过经营为企业创造利润，因此管理人才必须具备强烈的经营意识。

③开拓创新

开拓创新是指管理人才根据企业战略目标和实际需要灵活地、创造性地运用掌握的知识和信息，提出具有独到见解的、新颖的想法和观点或设计新的产品。管理人才的开拓创新能力越强，越利于企业抓住市场机会。

从某种程度上说，管理人才抓住经营就等于为企业抓住了创造利润的机会。

（4）担使命

管理人才应富有使命感，这样才能克服一切困难完成企业战略目标，为企业创造增值价值。

管理人才在担使命层面的行为要求

①勇担责任

管理人才是拥有职位和相应权力的人，同时也是责任的担当者。勇于负责的管理人才通常更加敬业，能够尽心尽力地完成工作，也能够为员工树立一个良好的榜样。

②追求卓越

管理人才不会满足于当下，而会不断地提升自己，追求卓越。越追求卓越的管理人才，越能够创造增值价值。

③廉洁自律

管理人才在工作中严格要求自己，规范自己的一言一行，做出的行为都与实现企业战略目标相符。

综上所述，管理人才的增值价值就是指管理人才在管理活动中严格要求自己，不断提升自己，用自身的行为影响员工，从而带领团队提升业绩，为企业创造增值。

3.2.3　建立岗位胜任力模型

胜任力是什么？它是源于人内在的一股力量，这股力量能够支撑人在岗位上保持竞争优势。岗位胜任力就是真正能够围绕组织的战略目标和具体工作指标定义的能力集合。

一般来说，我们可以将一个员工所呈现出来的行为结果分解为关键成功因素，这些行为结果是从岗位胜任力角度要求的"一定要做到的事"。要支撑"关键成功因素"或"一定要做到的事"就需要依赖一些关键能力（或核心竞争力），而能力的产生是通过一系列的学习过程（自我认知与外部传授），在人的内心不断形成知识和认知积累。这些积累会演变成一种行为认知，最后形成的就是关键能力或核心竞争力。

从岗位工作的"关键成功因素"出发，我们可以确定它所需的关键能力。这些关键能力通过有序的逻辑组合形成了岗位胜任力模型。岗位胜任力模型是基于人才对象的现实状况来分析、设计的最有效的人才发展方法和实现手段。

那么，如何建立岗位胜任力模型呢？

知名心理学家、哈佛大学教授戴维·麦克利兰（David·C. McClelland）对胜任力[①]进行了相关研究，他指出胜任力主要分为 5 个层次，即员工担任某一岗位角色必须具备这 5 个层次的能力，具体内容见表 3–1。

表 3–1　胜任力的 5 个层次

能力层级	定义	内容
知识	个体在某个特定领域所拥有的知识、学习知识的能力以及能否用知识指导自己的行为	包括营销知识、管理知识、心理学知识等

[①] 胜任力：指能将某一工作中的卓越成就者与普通者区分开的个人深层特征。——编者注

续表

能力层级	定义	内容
技能	个体完成特定生理或心理任务的能力	包括学习能力、表达能力、组织能力、决策能力等
自我概念	个体的态度、价值观或自我形象	包括自信心、积极性、乐观精神等
特质	个体的生理特征和对情景或信息的一致性反应	包括诚信、责任心、上进心等
动机需要	个体行为的内在动力	包括社交需求、成就需求等

以上5个能力素质组成了一个整体的胜任力结构，其中知识和技能是人肉眼可见的，是人的外显特征；自我概念是可以通过培训、学习提升的，但是提升知识和技能比较困难；特质和动机需要位于胜任力结构的更深层，很难对它进行培训。但是无论这5个层次的能力素质的特点如何，岗位能力模型通常都必须包含这5个层次的能力素质。

不同企业的不同岗位的具体要求不同，企业管理者可以参考上文介绍的5个层次的内容，再结合岗位特点，建立与岗位相符、能够促进人才发展的岗位胜任力模型。

此外，企业管理者要注意，在人才发展的过程中，要懂得有效引导人才对岗位胜任力要求进行消化并输出，因为构建岗位胜任力体系的目的是行为性输出而不是存留个体的认知。

3.3
企业培养人才的途径

只有找准企业人才培养的正确途径才能做好企业人才培养。企业培养人才主要有 4 个途径：建立开放、合作、互动的平台型组织；培养带领团队创造价值的赋能型领导；构建良性互动的"人才生态"；建立"互信透明"的企业文化。

3.3.1 建立开放、合作、互动的企业发展平台

开放、合作、互动的平台型组织是新时代企业为了顺应瞬息万变的市场环境而形成的新型组织形态，这种组织形态可以激发员工更多的创意，激发全员参与、全员创新，给企业带来更多的机会。

平台型组织的价值

①信息流动快、沟通成本低

信息流动越快，越利于员工掌握企业内外部的相关信息，进而快速推进工作。

②人力资源的应用更灵活

开放、合作、互动的平台型组织能够缩短价值链，人力资源的应用也因此变得灵活而迅速，使人力价值的连接更广、更实时、成本更低。

③减少人力资源浪费

平台型组织能够实现企业内外部的资源协同。在企业内部，可以通过数据和技术的支持，提炼出人才与人力资源的共性需求。这样就能减少人力资源浪费，能够产生资源聚集的规模效应。

④提升组织管理效率

平台型组织能够用一个强大的平台对这些部门进行总协调和总支持，让企业的各部门保持相对的独立并分权各部门，以较好地平衡集权和分权的成本，提升企业的管理效率。

⑤让员工实现成长

平台型组织能实现分工协同，能提升和锻炼员工的系统性和全局性，帮助员工实现成长。

从以上几点可以看出，开放、合作、互动的平台型组织是真正能够实现人力资源价值最大化的组织。所以，企业要想培养人才就应当顺应时代发展趋势，建立一个开放、合作、互动的平台型组织。

建立平台型组织的关键是要了解平台型组织的类型及其特点，平台型组织包括外部平台型组织和内部平台型组织两种类型。

外部平台型组织是指企业利用已有的资源优势，打开组织边界，通过搭建平台，赋能内外部经营前端，扩大网络效应。在外部平台型组织中，客户可以享受更多企业提供的产品、服务、技术，其他参与企业也可以利用外部平台的资源和网络效应在平台上创业、创新，形成"平台 + 生态"的价值体系。总体来说，外部平台型组织是为经营和生态赋能的平台，主要价值是实现生态价值最大化。

内部平台型组织是指通过功能性平台的打造，赋能市场前端，主要是管理赋能平台。内部平台型组织以"后台 – 中台 – 前端"的方式运行。后台主要为职能管理平台，负责企业资源的优化和整合，打造开放式、系统化的管理体系，构建和谐的内部生态；中台主要为业务赋能平台，负责匹配和赋能，分析市场前端的需求和特征，快速、有效地满足业务、技术、资源等方面的需求；前端主要围绕客户，挖掘客户需求并及时满足客户需求，从而获取利润。

所以从人才培养的角度看，企业管理者更应当关注的是内部平台型组织在人才赋能上的机制和作用。

3.3.2　培养带领团队创造价值的赋能型管理者

团队的管理者是企业的稀缺资源，更是企业的核心竞争力。因此，企业要想打造高效能的赋能型组织，首先就必须培养能够带领团队创造价值的赋能型管理者。

赋能型管理者的特征

①能够持续激发和汇聚团队的智慧

随着企业内外部环境的不断变化，企业在经营过程中面临的不确定因素越来越多、越来越复杂。在这种工作环境中，赋能型管理者能够敏锐地觉察到内外部的各种变化，激发并汇聚整个团队的力量和智慧，采取相应的措施从容地应对各种变化，推动企业不断发展。

②能够教导他人成为管理者

在赋能型组织中，赋能型管理者能够根据员工的能力和发展需求为员工提供成长机会，让员工自主工作，并帮助他们从工作中获得成就感和价值感。比起传统的"绩效至上"的管理模式，赋能型管理者更加关注员工的个人发展，并且会根据员工的个人能力制定相应的方案和措施，以充分激发员工的内在动力，不断在工作中锻炼员工，提高员工的工作能力，还会培养员工作为管理者的能力。

③自身能够持续成长

知名企业家稻盛和夫认为，工作场所就是修行道场，员工必须在工作中不断地修行、成长。时代在发展，市场对各行各业的要求也随之变化，在这种形势下，企业管理者需要不断学习，要做到自己的成长速度与团队的成长速度同步，甚至超过团队的成长速度。这样才能确保有足够的能力带领团队不断向前发展。

企业要着力培养符合以上 3 个特征的赋能型管理者，培养路径主要有以下几种。

（1）通过自我赋能让自己成为卓越的管理者

一个卓越的管理者，必须是自我赋能型管理者。管理者作为团队的"领头羊"，一定要具备领导力，在面对各种变革时，首先必须学会自我赋能。自我赋能要求管理者持续不断地学习和实践，更新思维模式，升级自己的认知体系，提升自己的工作能力。

（2）不断提升自身的影响力

团队管理者应不断提升自身的影响力，在团队员工面前树立威信。具体来说，团队管理者应具备敏锐的洞察力、前瞻性的规划力、科学的决策力和持续的创新力。同时要有敏捷的思维，能够及时抓住各种机遇，规避各种风险，促进企业健康长久地发展。

（3）掌握授权管理的理论和方法

赋能型管理者一定要掌握授权管理的理论和方法，懂得如何有效授权，让员工能够充分发挥智慧和力量。在实际的工作中，管理者若把握不准参与工作的度，员工便容易逃避责任；管理者若习惯凡事亲力亲为，员工便容易养成凡事依赖管理者的习惯；管理者若喜欢"包揽天下"，员工便容易被动等待。掌握赋能管理理论和方法的管理者则可以通过有效授权解决这些问题，促进员工成长。

（4）优化工作流程、完善系统管理

工作流程和系统管理是影响员工工作效率的关键因素，

团队管理者应当了解如何优化工作流程、完善系统管理。团队管理者应让管理行为更优化，指导行为更落实，组织保障更到位，同时还要学习并掌握激发每一个员工的潜能和动力的方法和技巧，让团队员工可以自由地成长。

（5）用愿景赋能构建共享共生的生态系统

赋能的最终目标是建立并维系一个共享共生的生态系统。赋能型管理者应当与团队目标一致，通过分享共同的目标凝聚团队的力量，打造一个互信合作的团队，激发团队每一位成员的战斗力，实现团队的整体目标。也就是说，赋能型管理者要引导团队的每一位成员改变自己的思维和意识，要有将个体纳入团队的意识，让成员从团队的角度看待问题，并积极与其他成员沟通和协作，将成员力量凝聚成更强大的力量，构建真正意义上的共享共生的生态系统。

赋能型管理者需要通过各种方式激发员工的潜能，成就员工，这是人才培养中必不可少的要素。

3.3.3　构建良性互动的"人才生态"

人才对企业的重要性不言而喻。企业不仅要通过赋能的方式激活人才的潜能与活力，还应当创造一个良好的环境，吸引更多优秀的人才聚集到一起，构建良性互动的"人才生态"。

企业要想构建良性互动的"人才生态"，既要积极培养、用心呵护人才，更要努力构建"引进、培育、发展、壮大"的人才全生命周期体系。只有这样，人才才能满足企业发展的需求，维系企业发展的长久性。企业在具体的"人才生态"的构建过程中要注意以下几个要点。

（1）人才是否真正认同企业文化

人才是否真正认同企业文化决定了其与企业的匹配度。人才越认同企业文化，就表示其与企业的匹配度越高，而匹配度越高的人才越能在日后得到长足的发展。因此，无论人才是外部引进的还是内部发展的，企业管理者都要着重评估其个人特质与企业文化的匹配度。企业要培养的人才一定是能够认同企业文化，与企业价值观一致的人才。

（2）企业是否有业务能力较强的人才

快速发展期的企业内部的规则、制度、流程也在不断迭代完善，因此往往需要具有较强业务能力的人，充分调动自身的积极性、发挥影响力去引领公司的发展。

（3）企业是否关注人才生态圈的被培养者的领导力

企业要关注每一个处于人才生态圈的被培养者的领导力，具体指的不仅是人才自身是否具备较强的业务能力，还指人才能否从无到有地打造自己的团队，并带领该团队不断发展，取得高绩效，达到团队目标。

（4）企业是否建立了正确的人才观

企业应建立"有功者得厚禄，有才者掌实权，有德者居高位"的人才观，聚焦组织的核心人群，即骨干管理者、青年管理者、未来管理者。在培养这 3 类人群的过程中，要贯穿"知、行、悟"的循环学习模式。在导入知识和方法的同时，要以多种方式引导不同层级的员工在岗实践，促进其行为转变，同时通过定期复盘，推动员工从自己的实践经验中成长学习。

3.3.4　建立"互信透明"的企业文化

从某种程度上说，企业文化的好坏决定了企业核心竞争力的强弱。业界相关人士的研究表明，现代企业在企业文化建设上面临的主要问题是企业文化如何与企业的经营管理相融合，概括来说就是"文化与管理一体化"的问题。从人才培养的角度来说就是"文化与人才培养一体化"的问题。为了解决这个问题，并更好地实现组织赋能，企业需要建立"互信透明"的企业文化。

对职能型组织来说，各部门都会优先从自己的角度看待问题，这样很容易造成各部门之间因为信息缺乏或信息不对称而不知道如何行使下放的权力，最终无疑会导致赋能失败。但是如果组织内部建立了"互信透明"的企业文化，那么将能够加速信息的流通速度，使信息可以迅速覆盖整个组织，帮助各部门"跳"出来看待问题，从而更好地行使下放的权力，做出更科学合理的决策。

"互信"意味着在了解对方的前提下，能够充分理解并信任对方的一切行为，然后形成整体行动，实现高效协作。要实现这一点，企业就需要做到信息透明化，促进员工之间的交流和理解，建立互信的企业文化。"透明"意味着信息自由，也就是能够让员工灵活地获取自己需要的信息，避免了信息缺失或信息不对称的问题。

做到"透明"，最为直接的方式就是建立信息公开机制和沟通机制，如图 3-7 所示。

图 3-7　让企业文化实现"互信透明"的方式

（1）建立信息公开机制

建立信息公开机制是指将有利于组织成员沟通，促进员工工作的信息公布出来。这样就能够实现信息自由，让员工掌握更多信息，跳出"深井"，企业也能够更好地实现赋能。

当然，并不是说所有信息都必须公布出来，企业要根据自身的实际情况和具体的工作内容等公布相关信息，如通过公布绩效完成情况，让成员掌握自己和他人的工作完成情况，这样可以加深彼此合作，共同实现目标。此外，企业还要选择合适的信息公布的方式。常见的信息公布方式有企业公告栏、企业内部交流群公告等，企业管理者可以根据要公布的内容的性质、员工的喜好、便捷性等选择信息公布的方式。

（2）建立沟通机制

实现有效沟通可以让信息进行双向流动，而不是只进行单向流动，这样可以避免因信息流通不畅导致的部门之间以及员工之间无法协调工作。实现有效沟通的前提是建立有效沟通渠道。有效沟通的渠道有很多，如设立内部邮箱或建立内部工作交流群。各部门、各员工可以通过这些渠道实时分享工作进展和工作中遇到的问题。这样一来，各部门和各员工之间可以实时掌握彼此的信息，进而基于这些有效的信息做出周全、有效的决策，促进工作目标达成。

提高信息透明度不仅能使员工更好地行使自身的权力，同时员工之间还能相互监督，彼此激励。这对实现组织的可持续发展有十分重要的作用。

在企业中塑造"互信透明"的文化的基础是尊重每一位员工，确保部门之间、员工之间可以无障碍地获取所需的信息，实现有效沟通，使团队成员可以将企业文化作为基本的行为准则，在沟通、协作的过程中始终坚持共同的目标。这样，组织赋能才能发挥作用。

第 4 章

人才进阶:

企业人才进阶梯级的搭建

只有人才不断进阶,人才队伍的质量才能不断提高,企业才能获得健康、长远的发展。因此,企业管理者需要积极搭建人才进阶阶梯,要了解、掌握人才进阶的模式和途径。

4.1
企业人才的能力进阶模式

人才进阶从本质上说就是人才能力的进阶，只有人才的能力不断地进阶，人才才能获得更好的发展。

4.1.1 人的行为能力呈进阶式发展

在人类的进化过程中，通过不断的认知进阶，推动了其能力的不断提升和进化。简单地说，人的行为能力呈进阶式发展，由本能行为进阶为认知行为，再进阶为规则行为，如图4-1所示。

图4-1 人的行为能力呈进阶式发展

（1）本能行为

本能行为基于生物本性驱使，是与生俱来的行为，也被称为特定行为或先天性行为。本能行为完全基于生物的生理需求，例如饿了要吃饭，渴了要喝水。

通常来说，进入企业的员工都具备本能行为能力。例如，他们会为了生存而选择工作，这就是一种本能行为。但是，如果员工只有本能行为，那么这意味着他们只能基于生物的生理需求去做基础工作，而无法做创造性的工作。这样的员工只能成为企业的普通员工，为企业贡献的价值有限，无法成为企业真正需要的人才，为企业创造增值价值。此外，因为企业在不断发展，企业的人才也应当随之发展，如果员工一直停留在本能层面还可能成为企业的人力成本负担。

不过一般来说，人不可能永远停在只会做出本能行为的阶段。当人们的本能行为能够满足人的基本需求时，他们的行为就会进阶，以满足他们更高层次的需求。

（2）认知行为

人们在不断积累知识和信息后，对事物的认知能力会提升，行为会由最基本的本能行为进阶为认知行为。认知行为是指人对事物的认识、决定，例如不会游泳的人不会贸然地往水里跳。

认知行为不是与生俱来的，只有当人获取了一定的知识和信息后才能做出认知行为。获取的信息和知识越多，认知行为能力越强。在企业中也是如此，员工的行为认知能力越强，其对工作的理解和认知便越深刻，进而越能高效地完成任务。

员工的认知行为体现在很多层面，包括对企业文化的认识、对岗位的认知以及对自我的认知。所以，一些企业在进行新员工培训或者在平时的工作中，会向员工重点传达企业和岗位的相关信息，提升员工在企业中的认知行为能力。

（3）规则行为

规则行为受限于规则的设定，例如红灯不能随意乱闯（第一，从认知上看，被车撞了会受伤甚至丧命；第二，警察要扣分或罚款；第三，道德约束）。规则行为是在认知行为的前提下，结合相关规则而产生的行为，所以规则行为是行为能力的最高层次。

通常，当员工有一定的认知行为能力时，他们便会根据自己的认知去做一些事情。但是员工的认知并不一定都是正确的，他们的认知也可能是片面的。例如，员工认为采取 B 方案一定可以获得更高的利润，但是 B 方案可能会破坏市场秩序。那么这种片面的认知行为就不可取，会给企业造成损失。所以，优秀的人的行为一定是在认知的基础上形成的规则行为。

人的行为能力是呈现进阶式发展的，所以企业在培养人才的行为能力时也应遵循进阶式发展规律，助力人才的行为从基本的本能行为能力逐渐进阶为最高层次的规则行为能力。

4.1.2 企业人才的能力进阶模式

企业人才的能力进阶模式究竟是什么样的？其实就是组织赋能提升的模式，具体内容如图 4-2 所示。

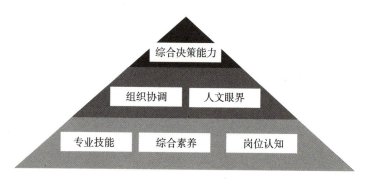

图4-2 企业人才的能力进阶模式

企业人才的进阶模式分为 3 个层级，共 6 个维度。

第 1 个层级包括 3 个维度，即专业技能、综合素养和岗位认知。组织的人才能力定位主要基于组织的业务形态和架构模式所需要的专业技能，所以第一层级强调人才的专业技能、综合素养和岗位认知。

专业技能主要是指员工的技能与岗位的匹配度；综合素养主要体现在员工基于岗位的人际关系上，即协调能力；岗位认知主要基于对职级与岗位、行业与职业、组织与个人之间的认知。这些能力是人才的基本能力，也是人才实现能力进阶的基础。

第2个层级包括2个维度，即组织协调和人文眼界。在第2个层级中，组织将更加关注人才能力的高阶维度。处于这个层级里的人才除已具备第1个层级中的专业技能、综合能力以及岗位认知外，人才在实践应用场景中表现出来的组织协调能力和视野的宽度（跨界思考的能力）成为其被组织纳入核心人才的重要参考依据。

第3个层级是人才能力进阶的最高层级，升级到第3个层级的人才的主要特征是其面对组织的场景化管理实践时表现出的综合决策能力。综合决策能力主要包括经营决策能力、经营管理能力、业务决策能力等。人才的综合决策能力越强，越利于推进工作，提升工作效率。

以上3个层级就是企业人才能力的进阶模式，企业需要的人才是能够达到第3个层级的人才，所以企业在培养人才的时候应帮助人才不断地进阶，指导人才进阶到最高层级。

4.2
搭建人才进阶梯级体系

为了促进人才不断地进阶，企业管理者应搭建人才进阶梯级体系，为人才进阶提供明确的方向和方法。

4.2.1　企业人才进阶培养规划

搭建人才进阶梯级体系，企业管理者首先要根据企业的实际情况制定企业人才进阶培养规划，有了规划就有了明确的方向。在制定企业人才进阶培养规划时应明确以下几点。

（1）人才培养要围绕企业战略进行系统规划

企业管理者在制定人才进阶培养规划时要认真解读企业的战略发展目标，将人才培养的规划与企业战略进行有机结合。这样才能满足企业和个人的发展需求，实现企业和个人的共赢。

（2）人才培养目标要有持续性和成长性（系统化规划）

人才培养是一个长期、持续的过程，企业应进行系统化的人才进阶培养规划，设定有持续性和成长性的人才培养目标，以满足人力资源应用场景的多样性。人才培养路径也要结合实际，有方向、有引导、有扶持，确保可以达到人才培养目标。

（3）人才具体培养目标（内容）要满足组织的阶段目标

企业在不同的发展阶段对人才的需求不同，因此每个阶段的人才培养目标（内容）及考核标准要参考企业在某一阶段的人力资源要求而定。具体的培养目标（内容）要针对岗位要求，结合绩效要求制定。

（4）人才培养规划要考虑岗位变动的对象数据迁徙应用的设计

在人才培养的过程中要有对应的成长数据分析，这样人才岗位变动时就可以根据分析得出的结论对人才培养目标进行合理调整。

人才进阶培养规划简单地说就是为搭建人才进阶梯级体系明确方向。方向对了，就意味着人才进阶梯级体系搭建好了基本框架，企业管理者只要进一步完善、优化便可以搭建出系统的、完善的人才进阶梯级体系。

4.2.2　人才进阶梯级体系的架构

制定好人才进阶培养规划后，企业管理者便可以根据规划内容搭建人才进阶梯级体系的架构，这个行为也可称为人才进阶培养的总体规划。企业搭建人才进阶梯级体系架构时应注意以下几点。

（1）总体规划要符合企业的人才战略

通过分解企业的人才战略目标，制定符合企业战略发展的人才队伍进阶式建设规划，系统地指导企业管理者制定三年到五年的总体人力资源（人才储备、技术能力）培养规划。

（2）人才培养的具体内容规划重在互补性

在内容规划上，企业管理者要充分考虑人才发展需求。在结构上要做到相互补充，全面加强队伍建设、完善结构性人才的培养体系（完善的人才培养路径）。

（3）人才培养内容重在有效性和落实性

在以工作绩效对标为依据的具体培训项目的设计与实施过程中，企业要重点抓住项目实施的后续检查评估结果及能力改善效果，确保人才培养内容可以落实到位。

（4）人才培养的实施规划重在实用性

年度（阶段）的工作计划围绕组织对人才成长（阶段）

考核目标的能力对标需求制定，要通过细致地调研分析设计出切实满足完成工作目标的人力资源管理要求，提炼出教育培训需求和培养目标。

搭建人才进阶梯级体系架构就是基于人才能力进阶的过程，搭建企业的人才培养的实施系统。这个实施系统可以从基层员工开始，通过对各层级维度的能力赋能，促进员工不断进阶为企业的基层管理者（技术人才）、高潜（后备）人才、骨干人才和核心人才，如图 4-3 所示。

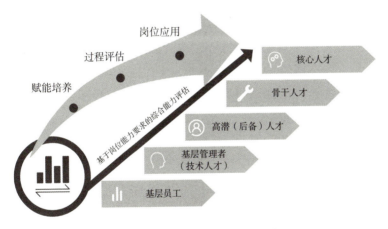

图 4-3　分层式人才进阶体系的架构

在赋能培养的过程中可以运用过程评估和岗位应用两种方式促进人才进阶。过程评估主要是检验人才培养的结果是否符合企业的人才战略需要，便于随时进行修正、优化、调整。岗位应用是人才培养的重要组成部分，基于岗位应用可以评估判断人才培养的效果是否达到企业的人才能力需要，同时还可以指导对赋能培养环节的调整和完善。

搭建从基层员工到核心人才的分层式人才进阶体系主要以着眼于企业未来发展需要为根本，以储备高素质管理人才、技术人才来实现企业长远的发展战略为目标，基于企业战略与发展实际的人力资源（人才）应用原则，运用人才发展路径与人才职业生涯规划体系，构建符合企业人才培养实际的进阶体系。这种人才进阶体系能够实现人才进阶的差异化，帮助能力水平不同的人才都成功实现进阶。

人才进阶体系的架构并不是固定的，不同企业可以根据自身的实际情况搭建，但搭建的最终目的是相同的，都是帮助人才不断地进阶，实现人才价值的同时也为企业创造价值。

4.2.3　如何搭建人才进阶梯级体系

企业管理者应围绕企业战略目标及阶段运营目标制定人力资源培养战略，搭建人才进阶梯级体系。

企业管理者在搭建人才进阶梯级体系时应遵循的两个原则

（1）实用导向、快速复制

企业管理者要基于企业人才应用实践的需求，制定企业人才培养工作的方向和方针政策。在人才培养的过程中，企业管理者要不断地实践所积累的培养方案，并在企业内部快速推广效果得到验证的方法和措施，加快企业人才培养的进程。

（2）聚石成塔、建成体系

每一个具体的培养（培训）项目都是企业人才培养体系的基石，是人才进阶梯级体系的具体实践。人才进阶梯级体系中的所有环节共同构成了企业人才架构的结构单元，最终构建成一个完善的企业人才进阶梯级体系。

企业管理者可以参考图 4-3 的步骤搭建人才进阶阶梯。

（1）认真解读企业的发展战略和运营目标

战略是组织的发展方向，对于组织来说，战略包括发展战略和经营目标。企业发展战略可以告诉企业"去哪里"，即未来会发展成为一个什么样的企业，能够在哪些领域取得什么样的成就。如果将战略解读错了，制定的战术再好也没有意义。

（2）基于战略解码，指导制定组织人才战略规划

明确了企业的发展战略和阶段运营目标也就等于明确了企业未来的发展方向。有了明确的方向就意味着企业的人才战略有了指导依据，企业可以基于此制定人才战略。

（3）以人才战略规划为依据绘制组织人才应用地图

企业的人才战略规划是从企业战略出发，依据科学发展观，对人才战略进行规划的。在这个过程中，企业管理者要明确企业的人才结构和人才特点，了解企业当前的人力资源现状。明确人才的发展现状，了解人才的优势和劣势后便可以制定企业人才应用地图。简单地说，就是要明确企业的人才需求，指明人才使用和发展的途径。

（4）对组织现有人才进行盘点

对照人才应用地图对现有人才进行盘点，了解企业现有人才与需求人才的差距。

对企业现有人才进行盘点有以下三个作用

①帮助企业了解企业不同人才的分布情况、人才结构以及各个层级人才的需求，这些信息都可以作为人力资源优化和整合的依据。

②使关键人才浮出"水面"，并将其放在关键岗位上，

为其指明发展方向。

　　③量化人才缺口，设计针对性的招聘、选拔和培训计划，为企业培养需要的人才。

　　人才盘点工作是人才队伍长期建设中非常重要的基础工作。结合企业的实际情况逐步开展人才盘点工作，将人才盘点结果应用于人力资源重新配置、补足人才缺口和关键岗位继任者计划等方面。

人才盘点的维度

①员工数量

　　对人才进行盘点时首先要对员工数量进行分析，除了要明确现有员工数量外，还要重点探索现有员工数量是否与企业的业务重心、业务量相匹配，是否与企业的发展战略相吻合，是否可以支持企业持续性发展等。

②员工年龄结构

　　对员工的年龄结构进行分析，主要是为了了解企业当前的人才结构呈现出何种趋势——是年轻化趋势还是日趋老化？要得到答案就要认真研究和分析员工对新事物及新知识的接收和吸收能力、掌握新技术的能力、员工的体能负荷能力与年龄的匹配情况。这些能力与员工年龄匹配情况的高低均会影响组织内人员的工作效率与组织效能。

③员工的类别分布

对员工的类别分布情况进行分析后，企业可以更好地根据业务发展形态和未来需要有计划地对人员类别（专业／技术／技能）的占比和分布结构进行有效调整。

④员工学历情况

可以显示其工作知识的丰富度与工作能力的高低，同时能够在一定程度上影响员工的学习能力。一般来说，学历水平的高低会直接影响企业实施技术化改造、创新管理等项目的效果和实施进程。所以，员工的学历也可以为人才的选拔和培养提供一定的参考依据。

⑤专业技术职称

专业技术职称可以在一定程度上反映员工知识的丰富度以及专业能力的高低。在企业中，员工的职称结构指的是员工中具有不同知识、能力等级的人数比例。不同岗位对员工的要求各不相同，因此只有保证员工职称的比例合理，才能将人力资源队伍的优势完全发挥出来。

⑥关键人才

关键人才是指在企业中发挥管理与专业职能作用的

人才，承担企业责任并行使企业赋予职权的各级人员，以及拥有核心能力或技术与知识，能够帮助企业获得竞争优势，决定产业发展水平的各类人员。这些人才一般可以根据企业的业务性质分为管理序列人才、生产运营人才、工程技术人才、专业技能人才、职能性技术人才等。

企业要想发现并发挥关键人才的价值，就应当采取一定的方法对关键岗位的职责进行分析，对企业现有人才进行测评，结合分析和测评的结果选出关键人才，形成关键人才岗位地图。这样一来，企业就可以明确企业关键人才的发展现状，了解关键人才的优势和劣势，在此基础上构建关键人才发展和培训体系，提升关键人才的能力，充分发挥关键人才的价值。

企业通过人才盘点，可以根据数据分析结果综合判断人力资源管理工作面临什么样的现状，有针对性和科学性地解决人员结构优化、各级各类人才培养、人才梯队的建设等问题，以指导企业系统地进行人才培养工作的规划。

（5）结合人才盘点结果与人才应用地图设计组织人才应用规划

明确企业现有人才与需求人才之间的差距后，企业管理者要结合人才盘点的最终结果与人才应用地图，设计出可以满足组织发展需要的培养应用规划。

（6）基于人才应用规划设计阶段性人才培养计划（培养项目）

根据人才应用规划，设计各阶段（时期）的具体培养计划和项目，有针对性地帮助人才提升能力。

在实际应用中，企业管理可以结合具体情况并参照以下案例流程设计阶段性人才培养计划

①以"结构优化，提质减量，人才兴企"为目标，整体规划，系统培养，加大人才队伍的建设力度，持续增加高层次人才总量及高级职称、高技能人才的比例。

②在建立人才梯队时，应通过流程化、系统化的评估体系对人才进行评估，然后保留、培养和发展企业内部的顶尖人才，创建企业内部的人才储备池，为实现企业战略目标提供坚实的人才资源保障。

③人才培养、培训赋能工作集中在人才输送、技能传递、职业鉴定、经验萃取、岗位技能认证等方面。在人才输送方面以岗位序列能力要求为标准，为战略发展输送各类人才；在技能传递方面，形成良性学习氛围，打通纵向与横向的技能传递；在职业鉴定方面，建立职业化考核认

证机制与专业技能评估，提升核心竞争力；在经验萃取方面，搭建优秀内部讲师队伍，通过提炼实际工作经验，萃取关键岗位技术，加快沉淀—复制—推广的经验萃取工作；在岗位技能认证方面，全面梳理岗位技能要求，建立技能认证机制，规范考核认证标准，搭建岗位技能矩阵，推动持证上岗、认证激励，依据企业的业务特色，创建各序列人才的技能认证体系。

④加大经营管理人才的培养力度，提升干部管理水平；加强专业技术人才培养，提升岗位知识与专业技术能力；通过岗位实操、岗位练兵、高端技能人才培养等方式，提高技能人员实操实训水平、技能鉴定与技术传帮带能力。

⑤强化培养项目的规划、执行、检查及改善，做好培训任务分工，统筹并制订培训计划，完善培训记录，强化培训约束，完善人才培养模式，定期（每半年）调研评估培养成果，提升培养效果。

⑥总结、提炼、制定员工教育培训标准说明书。

⑦从企业内部挖掘、培养内部讲师团队，建立教材和线上、线下的课程档案库。

（7）依据培养过程的成长数据，结合其他人事数据指导人力资源应用

这一点要求企业管理者掌握数字化技术，从而获得培养过程的各种数据。

数字化技术在人才培养、人力资源方面主要有以下七个作用

①企业管理者可以基于人力资源规划中的人岗匹配应用标准规范，运用数字化技术，建立员工能力素质模型、岗位能力要求模型，形成科学、规范、统一的评价体系。

②运用数字化技术可以更有效地记录、筛选、评估培训效果，从多个维度分析培训中存在的问题，发现新的培训需求，从而精准解决问题，并根据新的需求设计针对性较强的培训课程。然后使用专业的人才测评技术对不同岗位的不同员工进行测评，明确企业内部员工的能力、岗位胜任力和适应性、成长方向，构建适合企业的内部人才地图。

③运用数字化技术可以获得精准的员工绩效完成情况数据。企业管理者可以利用精准的员工绩效完成情况数据，将员工派往合适的岗位，提升员工的工作效率和团队

效能，同时还能降低人才成本，优化组织结构。

④运用数字化技术可以对企业员工数据以及其他数据进行全面且深入的分析，然后在此基础上以组织目标为导向，针对性地对绩效目标进行调整和优化。同时还可以提高绩效反馈的真实性，激发员工的主动性，最大限度地发挥员工的价值，使企业管理者能够最高效地记录员工成长数据，并对员工的成长数据进行评估分析，这样做可以有效引导人力资源应用的判断决策过程。

⑤在数字化技术背景下，可以形成员工自主导向型的学习模式。员工可以根据自身情况灵活地选择学习内容和学习方式，利用碎片化时间随时随地学习。例如，利用通勤时间学习如何提升人际交流能力。同时，数字化技术还可以结合员工的学习偏好、行为数据等为员工定制个性化的学习方案，助力员工获得更好的成长。数字化技术也更利于企业打造学习型组织，赋能员工，提升员工对企业的贡献率。

⑥人力资源管理可以通过专业的数字化平台和应用改变或提升员工的整体体验。同时，还可以通过数字化管理模式提升企业各层级员工的认知能力和思维能力，助力企业进行变革。

⑦人力资源的数字化可以使企业更好地整合人力资源，优化人力资源的结构配置，将单一的人才价值升级为企业的资本价值，从而实现人才与企业双赢的目标。

数字化并不是一个虚无缥缈的概念，它其实是信息化的升级，是运用先进的算法技术和完善的底层逻辑设计出来的，它能够使企业的整个运营流程更加系统化、流程化、标准化，使企业的相关数据更加有效、规范，使企业管理者做出的决策更加科学、客观。可见，数字化是人力资源管理转型的核心，企业管理者应当学会运用数字化平台和技术为人才培养、人力资源管理提供解决方案，并进行持续的尝试和创新。

（8）在过程中不断验证纠偏

搭建人才进阶梯级体系的过程中难免会出现各种问题，不过，出现问题不可怕，只要不断地验证纠偏就可以搭建一个符合企业发展、促进人才不断进阶的体系。

以上的8个步骤遵循了前文中所讲的聚石成塔的原则。这是一个基本的过程，实用且可以复制。在人才进阶梯级体系的整个搭建过程中，企业管理者要全面解读企业的战略和运营目标，这是搭建人才进阶梯级体系的指导原则和基础。体系搭建完成后，企业管理者可以设计企业的阶段目标，让员工去实现。在这个过程中会产生大量的员工成长数据，这个数据可以用来验证人才进阶梯级体系的搭建是否合理、完善、有效。然后根据实际情况调整体系的维度，保证这个体系完全符合组织的战略目标和人才发展规律。

企业的发展依赖于员工的发展，只有员工不断地进阶，企业才能不断地向前发展。所以，企业管理者要将重点放在人才进阶上，要搭建人才进阶梯级体系，激励人才不断前进。

第 5 章

人才盘点：
人才成长数据的管理及应用

通过人才盘点可以全面了解企业内部的人才，全方面评价人才、识别人才，让优秀的人才浮出水面。从企业战略层面来说，在激烈的市场竞争环境下，只有做好人才盘点，为企业选拔、培养高潜人才，才能帮助企业应对市场竞争和人才竞争的双重挑战，在市场上持续保持领先地位。从人力资源层面来说，只有做好人才盘点，才能清楚地了解组织中的人力资源情况，进而才能清晰、有效地进行人力资源规划。所以，人才盘点是实现企业战略必须要做到的事情。那么如何做好人才盘点呢？通俗地说，人才盘点就是对人才成长数据进行管理和应用。

5.1
建立人才成长数据库

人才成长数据（人事数据）分析是对企业结构和人才进行系统管理的一种过程，这个过程主要探讨和研究的内容有企业的结构和人员配比、员工的工作绩效、关键岗位的招聘和继任计划、关键人才的发展和晋升等。在对这些内容进行深入探讨和研究后，企业管理者应制订详细的组织行动计划，确保组织结构科学、合理，且符合企业的发展，还要保证企业有优秀的人才，从而落实企业的战略目标，帮助企业实现可持续发展。也就是说，企业要想实现可持续发展，就应当建立人才成长数据库。

5.1.1 人才成长数据的价值

人才成长数据的价值在于能够有效地整合、优化人才资源，以实现企业的战略目标、发现企业的高潜人才，还可以有效建立职业发展规划和人才发展体系，为人员的选拔、绩效管理、培养、薪酬设计提供依据。人才成长数据的价值主要体现在以下三个方面。

（1）为人才选用的决策服务

通过对人才成长数据的分析，企业管理者可以了解企业需要的人才和现有人员情况，从而为选用人才提供决策依据。

与传统的人才选用决策相比，运用人才成长数据辅助人才决策，可以使结果更加合理、科学，能够有效避免因决策者主观判断可能带来的失误。

例如，企业管理者在选拔人才的时候，主观地认为该员工比较适合销售岗位，于是便将他安排在销售岗位。但通过实践发现，该员工在销售岗位并没有发挥出他应有的价值。经过对人才成长数据进行分析后，发现该员工擅长某项技术，可以担任某技术岗位。后通过实践表明，该员工确实在技术岗位能够更大限度地发挥自身的价值。

所以，人才成长数据不仅能为人才选用决策服务，还能为企业选用合适的人才做进一步的保障。

（2）为员工能力的发展服务

通过对人才成长数据的分析，可以了解企业现有的人员处于什么水平，未来企业需要什么样的人才。分析出这两者之间的差距后便可以针对性地制订培养计划，帮助员工提高个人能力，将员工培养成企业需要的人才。

人才成长数据能够量化员工的能力，可以帮助企业管理者更加直观地看出员工的优势和不足，进而可以针对性地制订培养计划。这比传统的"一刀切"式培养计划更加有效。

（3）为留用、提拔服务

针对人才成长数据中绩效数据的优劣，企业管理者可以针对性地制定员工激励措施，刺激员工完成绩效目标的同时也能提高员工的稳定性。激励措施通常可以用于员工的留用和提拔，例如当企业管理者通过人才成长数据分析发现员工在不断成长，并为企业创造了很高的绩效时，便可以考虑提拔他。反之，如果员工没有成长，绩效成绩也不达标，那么就可以考虑对该员工进行换岗或降级。

基于人才成长数据来对人才进行留用和提拔更加客观、公正，可以有效激发员工的积极性。

为人才选用的决策服务、为员工能力的发展服务以及为留用、提拔服务这三者相辅相成，互相促进，以达到人才成长数据促进企业发展的目的。

人才成长数据分析的过程实际上是识别关键人才的过程。

为了精准地识别关键人才，就应当对整个企业所有具有潜力的员工进行盘点和分析，从中精心选拔出适合企业发展的关键人才。针对培养对象构建人才综合能力（素质）评价系统，让每一个有潜力的员工都能成为有用的人才。

5.1.2 人才成长数据库模型

企业管理者在建立人才成长数据库模型时可以参考图 5-1 的模型。

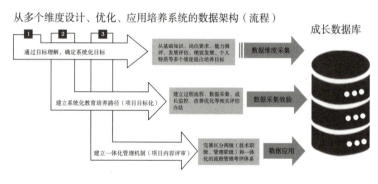

图 5-1 人才成长数据库模型

（1）通过目标理解，确定系统化目标

企业在进行人才培养的过程中，会从多个维度对人才成长数据进行采集。通过对培养目标的理解，再结合人才的相关数据可以建立一个系统化的培养目标数据集，将培养目标数据

化。企业管理者可以从基础知识、岗位要求、能力测评、发展评估、绩效发展、个人特质等多个维度提出培养目标。简而言之，就是从多维度采集人才成长数据，作为人才成长数据库的基础数据。

（2）建立系统化教育培养路径（项目目标化）

基于基础数据，企业管理者需要再建立一个系统化的教育培养路径，也就是将培养项目目标化，让整个培养过程更加系统。例如，开展系统化的培训课程。在这个过程中，培养对象的行为等会生成大量数据，企业管理者需要对这些数据进行采集，包括培训成绩、行为、岗位论文以及参加各项活动的评估数据。企业管理者可以基于此对人才的成长进行监控，改进、优化相关的评估方法。同时，企业管理者还要将这些数据与第一部分提到的基础数据进行比较，校验培养者是否达到了培养目标。如果没有达到目标，那么企业管理者就要对培训课程和培养内容进行调整和优化。

（3）建立一体化管理机制（项目内容审评）

在系统化的培养过程中，企业管理者会发现，整个培养过程都是基于被培养者在培养过程中的数据应用来完成的。培养过程中有大量的行为数据、学习数据和过程数据，这些数据可以用来进行系统化的数据分析，指导企业管理者完成整个培

养过程中的项目设计和项目内容的调整、优化。这是建立整体
人才数据库应用的方法。

为了帮助企业管理者进一步了解人才成长数据库模型，
下面介绍人才成长数据库的具体呈现。

企业管理者可以以员工的职业成长路径为主，结合不同
的职业发展期，以企业的战略发展目标指导的人才战略规划为
指引，从专业水平模块、思想品德模块、行为意识模块和能力
素养模块这 4 个维度建立人才成长数据库，如图 5-2 所示。

图 5-2　人才成长数据库的具体呈现

可以通过这些数据分析、描绘员工的成长轨迹，为企业

评估员工综合发展前景提供一张多元的、立体的能力报告。这样就可以全面且客观地评价、引导和培养员工，突出员工在岗位工作的主体地位，激励员工进行自主管理，实现员工的自主发展。同时，还可以用评估结果为企业人力资源应用提供有效的依据。

上面 4 个模块也可以说是 4 个维度的数据集合，实际上在人才培养的过程中产生的数据远超过这 4 个维度，不同的岗位和不同的企业业务形态所产生的数据也不同。所以，企业在构建人才成长数据库模型时，应根据岗位性质以及企业业务形态的不同采集相关数据，构建能够促进企业发展的人才成长数据库。

5.2
人才成长数据的六大维度

人才成长数据是多维度的，这样才能建立系统化的人才成长数据库，才能全面认识和评价人才，发挥出人才成长数据的价值。人才成长数据主要有六大维度：人才基本信息数据；岗位胜任力模型数据；综合能力评估数据；专业能力评估数据；学习能力（成绩）数据；培训课程数据。

5.2.1　人才基本信息数据

人才基本信息数据主要包含以下几个方面的内容，如表5-1所示。

表5-1　人才基本信息数据表

个人基础信息指标	信贷记录指标	公共记录指标	查询记录指标
姓名	信用卡持卡情况	欠税记录	查询日期

续表

个人基础信息指标	信贷记录指标	公共记录指标	查询记录指标
年龄	购房贷款	民事判决记录	查询机构
婚姻状况	购车贷款	强制执行记录	查询原因
证件号码	其他贷款	行政处罚记录	
文化程度		电信欠费记录	
……		……	

（1）个人基础信息指标

个人基础信息指标包括姓名、年龄、婚姻状况、文化程度等信息，这些基础信息有助于企业对人才进行初步了解。

（2）信贷记录指标

银行信用信息指标包括信用卡持卡情况、购房贷款、购车贷款等。企业对人才最基本的要求是诚实守信，而银行信用信息指标能够直接反映人才的信用程度。

（3）公共记录指标

公共记录指标包括欠税记录、民事判决记录、强制执行记录等，主要体现的是员工个人法律意识的强弱，也会影响个人征信，比信贷记录对个人征信的影响更大。

（4）查询记录指标

查询记录指标是指企业管理者在查询过程中以什么样的标

准对人才情况进行查询，这个标准与人才的岗位性质、内容、要求等相关。查询记录指标主要体现的是企业管理者在查询的过程中，在人力资源方面主要关注的指标是什么，或者说关注的内容是什么。查询频率越高，表明企业越关注人才某方面的内容。

5.2.2 岗位胜任力模型数据

岗位胜任力模型数据主要包含 3 个方面的内容：领域成就、意愿、政治素养，如图 5-3 所示。

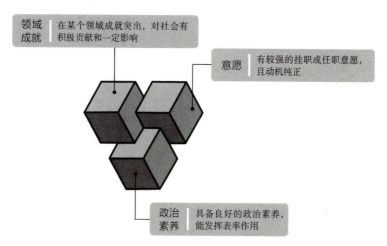

领域成就 | 在某个领域成就突出，对社会有积极贡献和一定影响

意愿 | 有较强的挂职或任职意愿，且动机纯正

政治素养 | 具备良好的政治素养，能发挥表率作用

图 5-3 岗位胜任力模型数据

（1）领域成就

领域成就是指在某个领域成就突出，对社会有积极贡献和

一定影响。在某个领域有突出的成就意味着员工在该领域掌握了该领域的许多知识和技能，能够胜任该领域的工作，这一点属于岗位能力的基本维度。例如，某员工是销售精英，那么说明他具备较强的销售方面的知识和技能，能够胜任销售方面的工作。

（2）意愿

意愿是指员工有较强的挂职或任职意愿，且动机纯正。员工意愿是岗位能力的一个重要维度，也是容易被企业管理者忽视的一个维度。能力与意愿之间的关系如图 5-4 所示。

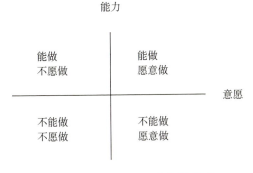

图 5-4　能力与意愿之间的关系

岗位需要能力强且意愿强的员工，如果员工有能力而没有较强的挂职或任职意愿，那么再强的能力也无法发挥。所以，岗位能力模型看重员工的能力，也看重员工的任职意愿。

（3）政治素养

政治素养要求员工具备良好的政治素养，能够发挥表率作用。政治素养是员工应当具备的基本素养，主要表现为有正确的政治方向、坚定的理想信念、强烈的责任意识等。较高的政治素养可以指导员工做出正确行为，提升员工的工作积极性和主动性，从而在岗位上不断地创造价值。所以，企业管理者在建立胜任力模型时不可忽视政治素养这个数据。

以上 3 个是岗位胜任力的核心数据，企业管理者应根据岗位性质、内容确定岗位胜任力模型数据。

5.2.3　综合能力评估数据

综合能力评估数据主要包括 3 个方面的内容：工作价值观、成就动机和学习敏锐度，如图 5-5 所示。

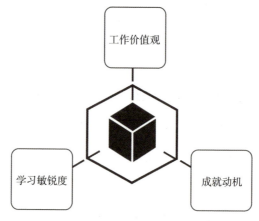

图 5-5　综合能力评估数据

（1）工作价值观

工作价值观是指员工对所追求的工作目标的相关表述，表现为其对各种职位优劣势和重要性的内心尺度，并进而影响其在某一工作岗位上的工作表现，如绩效成绩。正确的工作价值观能够引导员工做出正确的决策和采取正确的行动，使员工的行为具有稳定的倾向性。

工作价值观包括很多方面，不同企业、不同行业的工作价值观不同，因此，应当提倡什么样的价值观应视企业、行业或岗位的性质而定。

（2）成就动机

成就动机是指员工对待工作挑战的一种态度，表现为在完成任务时会乐意去做自己认为重要的、有价值的事情，并且追求卓越。研究结果显示，成就动机水平对员工的绩效表现和职位升迁具有显著的预测效应。成就动机越强烈，员工的绩效表现越好，越容易升职。

成就动机较强的员工的特点

①喜欢接受具有一定挑战性的工作，喜欢接受超出他们的能力或不喜欢远远低于他们能力的工作，因此通常会基于自己的能力设立较有挑战性的目标。

---

②喜欢设定中等难度的目标，既不会因为很轻易就达成目标而没有成就感，也不会因为难度太高无法达成目标而有挫败感。他们通常会根据自身实力衡量自己能够完成的难度。

③喜欢能够立即得到反馈的工作任务。成就动机较强的员工会十分关注目标，所以他们希望及时得到与工作绩效成绩相关的反馈信息，从而了解自己是否达到目标。

企业管理者可以参照以上 3 个特点对员工进行观察，收集成就动机相关数据。

（3）学习敏锐度

学习敏锐度是指能够从过去的经历中学习经验，并将其运用在新的工作情景中的能力和意愿。学习敏锐度是人才管理领域的新概念，最早提出这一概念的是知名学者米歇尔·罗姆巴多（Michael Lombardo）和罗伯特·伊钦格（Robert Eichinger）。他们认为学习敏锐度包含 4 个维度：心智敏锐度、人际敏锐度、变革敏锐度和结果敏锐度，如图 5-6 所示。

第一个维度：心智敏锐度。

心智敏锐度是指人才可以从不同的角度思考问题，能够从容地面对各种复杂、不确定的状况，能够透过问题的表面看

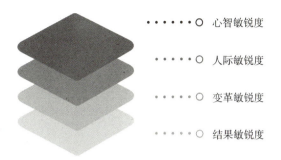

心智敏锐度

人际敏锐度

变革敏锐度

结果敏锐度

图5-6　学习敏锐度的4个维度

到其本质，具有构建不同事物之间联系的能力，并能向他人清楚地阐述自己的观点。

心智敏锐度具体体现在以下几点

①思维敏捷，反应迅速。

②能够从容面对复杂情况。

③即使环境和条件不是很好，仍然可以从容面对并高效工作。

④可以指出事物之间的关系，如平行、关联、组合。

⑤不仅会思考事情是什么，还会探究"为什么"以及"怎么做"。

第二个维度：人际敏锐度。

人际敏锐度是指人才具有良好的自我认知，能够与团队的成员进行有效沟通并解决问题。

人际敏锐度具体体现在以下几点

①善于发现他人身上的优点，并将他人的优点用在恰当之处。

②能够理解他人不同的观点。

③善于表达自己的想法，即使是与他人不同的想法，能够认真聆听他人的想法。

第三个维度：结果敏锐度。

结果敏锐度是指人才能够在困境下获得成果，激励他人做出超常表现，并表现出对他人的信任。

结果敏锐度具体体现在以下几点

①当该人员掌控局面时，其他人能有信心做好这件事。

②充满自信。

③在困境下也会有卓越的表现，值得他人依靠和信赖。

④具有很高的自我标准。

第四个维度：变革敏锐度。

变革敏锐度是指人才对事物有好奇心，愿意尝试新鲜的事物，具备变革的意愿和能力。

变革敏锐度具体体现在以下几点

①具有创造性和创新性。

②能够独立运用、积极实践创新的想法。

③能够承受变革带来的负面影响。

以上是学习敏锐度的 4 个维度，企业管理者可以从这 4 个维度获取人才在学习敏锐度方面的数据。

综合能力评估数据概括来讲就是对人才的工作、思想和学习进行评估，所以要收集人才的工作价值观、成就动机和学习敏锐度 3 个方面的数据。

5.2.4　专业能力评估数据

专业能力评估数据主要包括 3 个方面的内容：专业背景、岗位技术评估和知识管理能力，如图 5-7 所示。

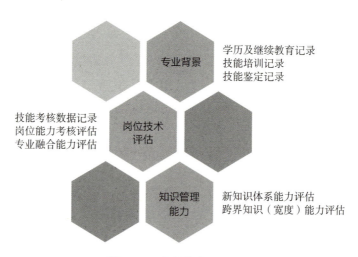

专业背景

学历及继续教育记录
技能培训记录
技能鉴定记录

技能考核数据记录
岗位能力考核评估
专业融合能力评估

岗位技术
评估

知识管理
能力

新知识体系能力评估
跨界知识（宽度）能力评估

图5-7　专业能力评估数据

（1）专业背景

专业背景是指人才的专业领域，主要包括学历及继续教育记录、技能培训记录和技能鉴定记录。

专业背景评估的维度

①学历及继续教育记录

学历就是受教育程度，是指员工在学校中接受文化教育和技能学习的学习经验，如专科、本科、研究生、博士。不同的岗位对学历的要求不同。

继续教育是指员工已经进入职场，但是因为感到自己的知识水平和能力不够，不能满足当下工作的需求，于是重回课堂学习。例如，成人自考。

②技能培训记录

技能培训通常是指企业为了提升员工的能力，增强企业竞争力而组织开展的技能培训工作，如软件开发技能培训、电脑技能培训等。

③技能鉴定记录

技能鉴定是对技能水平进行的考核，通常是由考核机构对劳动者从事某种职业所应掌握的技术理论知识和实际操作能力做出客观的测评和考核。

（2）岗位技术评估

岗位技术评估包括技能考核、岗位能力考核和专业融合能力评估。

岗位技术评估的维度

①技能考核数据记录

技能考核是指企业管理者运用一定的形式对员工技能进行考核并获得相应数据，从考核数据中可以分析员工掌握的技能以及掌握的程度。

②岗位能力考核评估

岗位能力考核是指对员工的岗位能力进行考核评估并得出相应数据，考核数据可以帮助企业管理者了解员工对岗位能力的掌握程度。

③专业融合能力评估

专业融合能力评估是指能够将两个或两个以上的专业进行融合，成为复合型人才。对专业融合能力进行评估，可以了解员工掌握了多少种专业技能，从而可以分析、判断员工的专业融合能力。

（3）知识管理能力

知识管理能力是指团队或个体所具备的对企业的整个知识体系或个人的知识体系进行管理的能力，主要包括新知识体系能力评估和跨界知识（宽度）能力评估。

知识管理能力评估的维度

①新知识体系能力评估

新知识体系能力评估主要是评估员工对新知识的掌握能力，员工对新知识掌握得越多，越利于推进工作。

②跨界知识（宽度）能力评估

跨界知识能力评估是对员工是否是一名综合型人才进行评估，主要是指员工是否能跨越自己的领域，学习其他领域的知识并将知识融合在一起。

专业能力是促进人才成长的关键能力，因此在获取人才成长数据时，需要重点收集、记录这方面的数据信息。

5.2.5　学习能力（成绩）数据

学习能力（成绩）数据主要包括过程数据和考核数据，具体内容见图 5-8。

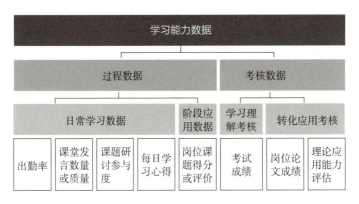

图 5-8　学习能力数据

（1）过程数据

过程数据包括日常学习数据和阶段应用数据。

日常学习数据是指员工在日常工作中的相关数据，主要包括出勤率、课堂发言数量或质量、课题研讨参与度和每日学习心得等。

阶段应用数据主要是指岗位课题得分或评价。企业通常会阶段性地对员工的工作进行评价，从而分析出员工是否适合该岗位或员工是否需要通过相关培训提升能力。

过程数据，顾名思义，该数据需要企业管理者在员工工作过程中实时收集、记录，所以要求企业管理者在平时的工作中养成随时记录员工日常学习数据的习惯。例如，开会时要带着笔记本随时记录等。

（2）考核数据

考核数据包括学习理解考核和转化应用考核。

学习理解考核主要是指考试成绩，也就是企业举办的各种培训中员工取得的成绩。

转化应用考核主要包括岗位论文成绩和理论应用能力评估。岗位论文成绩是指培养对象在完成一个阶段的培训后，结合自己的岗位实践撰写的具有一定理论的、可以解决实际问题的论文。企业管理者可以对比员工的岗位论文与论文考评标准之间的差距，从中看到员工的能力水平。理论应用能力评估主要是对员工将学习到的理论投入工作实践的能力进行评估。员工的理论应用能力越强，证明员工的学习能力越强。

综上所述，员工的学习能力（成绩）数据其实就是员工整个学习过程中的数据，收集这些数据，才能更全面、更准确地考核员工的学习能力。

5.2.6　培训课程数据及测评数据

培训课程数据是指从企业为培训人才开展的相关培训中产生的数据。测评数据是指人才培养阶段对人才各种表现、行为进行测评的数据。具体内容如图 5-9 所示。

（1）培训课程数据

培训课程数据主要包括课程目标、课程纲要及完成情况、课程内容知识点汇集、课程课时及时间安排、课程应提升的能力描述。

课程目标是指每次培训课程要达到的总目标，如提升员工的沟通能力；课程纲要即课程大纲，是指培训课程的进程与安排。完成情况是指实际培训中是否完成了课程纲要中的内容；课程内容知识点汇总是指课程结束后对课程进行回顾，并

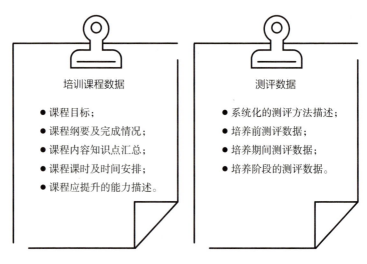

培训课程数据

- 课程目标；
- 课程纲要及完成情况；
- 课程内容知识点汇总；
- 课程课时及时间安排；
- 课程应提升的能力描述。

测评数据

- 系统化的测评方法描述；
- 培养前测评数据；
- 培养期间测评数据；
- 培养阶段的测评数据。

图 5-9　培训课程数据及测评数据

总结课程内容的知识点；课程课时及时间安排是指课程主要占用的时间和时长，如工作时间或业余时间；课程应提升的能力描述是指这个课程能够让学习者学习到什么样的内容以及这些内容可以带来哪些方面能力的提升。

（2）测评数据

测评数据主要包括系统化的测评方法描述、培养前测评数据、培养期间测评数据、培养阶段的测评数据。

系统化的测评方法描述是指企业将采取什么样的方法对人才在培养过程中的各种行为能力进行测评。测评方法描述越具体，越利于开展测评工作。培养前测评数据是指在对员工进行培养之前，采用合适的测评方法对员工各种行为能力进行测评，收集数据。培养期间测评数据是指在培养过程中对员工的各种行为能力进行测评，收集数据。培养阶段数据测评是指在某个阶段的培养结束后，对整个阶段员工的各种行为能力进行测评，收集数据。

测评数据主要强调的是在员工培养的过程中，分阶段分时段对员工的各种行为能力进行测评。然后对比培养前的数据、培养中的数据以及培养后的数据，确认员工的能力是否得到了提升。

培训课程数据及测评数据其实都是为了用数据检验员工的能力是否得到了提升。只有员工的各种行为能力提升了，员工才能不断成长。

○

5.3
人才成长数据的采集与分析

人才成长数据是多元化的数据,企业管理者需要根据不同的场景以及人才在成长过程中表现的不同行为,设计相应的采集方法和分析方法。一般来说,企业管理者需要将人才在成长过程中所有的行为表现数据化,并对每一个阶段的数据进行相应的采集、分析。可见,人才成长数据的采集与分析是一个不间断的过程行为。

5.3.1 建立数据采集的基本样式与格式

为了更全面地采集人才成长数据,企业管理者需要建立数据采集的基本样式与格式,在员工的学习期间和后续工作的跟踪期间进行阶段性的数据采集。这里的数据主要是指表征数据,即员工在行为过程中表现出来的一些基础数据。不过,这些数据只能呈现员工的行为表现,并不一定能够表现出数据背后本质的东西。

相关表征数据采集的方式主要分为两种：日常记录式和集中收集式。

（1）日常记录式

日常记录式就是在员工日常的学习以及工作的过程中，按照所要求的数据类型进行连续地记录。这种记录过程如同我们日常写日记，持续将每天的行为数据化。在记录的过程中不要对数据做任何评价，只要将行为用数据呈现即可。例如，考勤数据、工作任务用时等，都属于行为数据化的表现方式。

（2）集中收集式

集中收集式即集中性采集，是指对员工的多维度行为表现进行数据采集。具体是指针对员工与周围同事的关系，按照相应的行为特点和他的表现进行访谈，将其所有的行为表现及相应的一些文本都演变成相应的数据，纳入整个数据库中进行分析。

以上两种数据采集的方式都是将员工日常的行为用数据呈现出来。不同的是，集中收集式是一次性集中收集，而日常记录式需要每天进行记录。

5.3.2　人才培养和教学过程的数据采集

人才原始数据是多元化的，有些数据非常明确，例如他们课堂上的行为表现、学习内容、学习心得、岗位论文等数据；有些数据是间接的，是日常事务产生的过程数据，例如由别人提供的数据、在个人社交平台呈现出来的数据等。这些数据都需要在人才培养和教学的过程中随时随地收集和分析。

人才培养过程和教学过程中的数据采集主要采集的是员工在培训项目中的行为数据。通常可以通过项目负责人等了解员工平时的一些行为表现，采集相关数据。此外，还可以通过教学记录文件了解员工的行为表现，然后进行数据转化。从技术层面上讲，影像识别技术也可以应用在数据采集上。市面上已经有一些数据采集器，可以通过识别视频、音频中的内容采集相关数据。因为这项工作比较专业，所以需要安排专业人才操作。

5.3.3　人才培养和教学过程的数据分析

人才培养和教学过程的数据分析通常采用的是学习分析技术。学习分析技术是采集与人才学习活动相关的学习者数据，然后运用多种方法和工具全面解读数据的技术，主要包括智能数据和学习者数据。学习分析技术能够记录、收集和分析人才的学习环境和学习轨迹，进而可以进行学习预测和建议，促进人才的有效学习。

学习分析技术是建立在学习行为数据采集和数据挖掘技术基础上的，主要是为了让学习者的学习活动更加有价值、有意义。例如，学习者搜索某方面的内容的频次越高，说明他越关注这方面的内容；或者在社交网络上，学习者与其他学习者经常交流的问题，即学习者比较关注的问题。

学习数据分析技术不仅关注技术，还关注技术之外学习者的行为、个性化学习需求和适应、决策等能力。企业管理者可以通过数据分析找到学习者需要学习的内容和需要培养的能力。根据这些，企业管理者可以设计相关的培训课程，从而实现教学目标。

实际上，组织的培养过程大多通过培训将相关知识传递给学习者，培训的课程通常是预先规划好的。也就是说，在学习者学习课程之前，课程设计者就要设计课程内容、培训方式、互动方式以及相关资源。具体的学习内容应该由分析设计得出，企业管理者可以基于学习者的档案实时更新和丰富学习资源和学习建议。

例如，一个完善的学习数据分析体系应该能够实时跟进各种学习行为，并从中分析出学习者的能力和技能，然后将其目前拥有的技能与工作的实际需求进行对比，最后提供相应的学习内容帮助学习者缩短差距。

学习分析技术是一项比较专业的技术，企业管理者应安排对学习分析技术有深入研究的人员进行这项工作。

5.3.4 建立人才培养体系的数据集

从某种角度讲，人才培养体系的数据集就是在人才学习期间建立一个综合性的大数据库。这个大数据库主要包括 3 个数据层次，层次和层次之间的关系为：个人数据 > 组织（群体）数据 > 互联网数据。在人力资源管理的工作中，经常用到这 3 个数据层次，例如人力资源管理工作中常用的薪酬调查就能凸显数据的价值，因为它可以为组织提供行业参照标准、明确工作方向。

人才培养体系的数据集主要是一个立体的、多维度数据组合。在前文有关数据采集的内容中我们提到，通过对培养对象行为以及岗位目标能力的数据化可以采集人才成长的相关数据。通过数据对比可以指导企业管理者建立某个维度的人才培养体系，从而可以进一步指导企业管理者在教学环节和培养环节去采集各维度的数据。各维度的数据的组合，就是我们所说的数据集。

当人才培养过程的信息数据化后，通过对比分析，可以更容易地掌握学习者的多维度能力并及时发现学习者的问题。

5.4
企业人才成长数据库的管理

人才成长数据库是基于信息管理软件建设的，但是由于这些软件各不相同，因此造成人才成长数据的管理也存在一定的差异。传统的人力资源管理提供的信息主要是非常基础的人事信息，但是在信息大爆炸的互联网时代，企业掌握这些信息远远不够，还需要获取更多的信息来对员工进行全面、深入的了解，这样才能做出科学、合理的人事决策。企业要想获取更多的信息就需要建立企业人才成长数据库，将各种信息联系、组织到一起，并做好人才成长数据库的管理工作。

5.4.1 人才成长数据库要可搜索可浏览

人才成长数据库数据呈现的特征是结构化，应具备搜索和排序的功能，这两种功能对企业的人才培养十分重要。试想一下，如果人才成长数据库的人才档案是没有分类的文档，那么相关人员在使用数据时会发现十分不便利，将浪费很多时间和精力寻找精准数据。相反，如果数据分类清晰，可搜索、可浏览，那么使用数据就非常方便。例如，员工应聘的时候提交简历，专业人员可以利用数字化技术解析简历中的信息，形成智能化数据。这样一来，相关人员想查找员工的简历信息时就变得十分简单和便利。这就是建立人才成长库的意义和价值，且搜索的价值大于浏览的价值。

人才成长数据库主要应用在人力资源管理方面，在一个企业里只要涉及管理职责的人员都可以通过网络共享数据，得到他所关心的或者他所要了解的人员的成长数据。这样就可以使成长数据的应用更广泛。当然，其中还会涉及相关人员是否有权限可以去浏览他人的相关数据，这个问题是企业在搭建整个信息化系统过程中需要解决的，必须明确并遵守人才数据库的相关法律法规。

5.4.2　人才成长数据库必备的三大特点

人才成长数据库除能够提供完整的数据信息，可搜索、可浏览外，还应当具备以下三大特点，如图 5-10 所示。

（1）业务部门可以使用

因为业务部门是企业发展的核心部门，所以企业的整个人

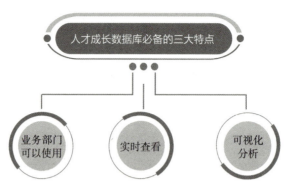

图 5-10　人才成长数据库必备的三大特点

才管理过程都应当以业务部门为核心，人才盘点也不例外。人才盘点中的人才提名和盘点的主体都来自用人部门，所以应当将完整的人才信息，即人才成长数据库中的信息向业务部门开放。

企业管理者可以通过信息化手段，建立系统化的数据平台，让业务部门通过办公系统网络及时查询到自己需要了解的人才信息。

（2）实时查看

一些企业在人才成长数据库的管理中采取的做法是，每到人才盘点的时候再开放数据库，平时这些数据信息都是保密的。这种做法其实不妥，人才成长数据库中的信息应当可以实时查看，这样除了可以实时掌握人才情况，还可以实时了解并把握人才的发展现状，便于及时给予帮助和支持。

企业管理者需构建一个可以实现数字化共享的人才系统。

这个数字化共享由企业人才系统中的信息化体系构建，通过信息化的手段实现实时查看数据。

（3）可视化分析

大数据技术的迅速发展加速了数据可视化的发展进程。数据可视化的实质是让数据价值最大化，让非专业人士也可以快速理解数据并把握要点。

数据可视化就是借助图形化手段，清晰、有效地传递信息。而人才培养的数据可视化，就是基于数据的特征和人才的关联性，通过图形的方式表现出来。这种可视化数据有助于企业管理者对人才数据进行分析，并且可以得到比较直观的结果，用于指导人力资源管理。例如，如果通过数据可视化分析出人才是技术型人才，那么就将人才安排到相应的技术岗位。

所以，企业在构建人才成长数据库时不能只将人才数据库当作数据的集合地，而要构建一个可搜索、可浏览，且具备以上三大特点的人才成长数据库，使人才成长数据有效指导人力资源管理，助力企业发展。

5.4.3 人才成长数据库有助于人才盘点

企业人才成长数据管理可以随时随地进行人才盘点，其目的是让企业相关人员知道企业现有的人才库存，了解组织的人才现状。人才盘点是一个数据化的过程，在人才盘点的过程中，相关人员会对整个盘点过程进行记录、分析、评价，这个过程中会涉及很多数据。在此基础上，企业管理者就能知道符合企业发展的人才结构是什么样的，可以为人力资源应用提供一些决策依据。

综上，企业建立人才成长数据库可以更有效地进行人才盘点，可以更精准地搜索和挖掘人才。例如，企业需要找一个有 3～5 年管理经验，并了解竞争对手的管理人才。在传统的人力资源管理模式中，企业需要通过人传递信息寻找需要的人才，或者通过人才盘点找到需要的人才。但是建立了人才成长数据库后，企业的整个人力资源信息更加透明，企业管理者可以在数据库中按照自己的需求搜索，匹配合适的人才。

人才成长数据库是用数字化手段实现数据共享，因此人力资源管理部门，可以通过信息化系统快速有效地查询到企业所需人才的现状。结合人才的现状、能力、人才库存等相关数据，就可以分析出人才的匹配度，进而可以做到人岗适配。这都得力于人才成长数据库提供的数据。所以，企业要做好人才盘点，首先就要建立一个系统化、数字化、完善的人才成长数据库。

○

5.5
人才数据在人力资源管理的应用

人才数据在人力资源管理中的应用主要分为4个方面：建立基于胜任力的人才测评体系、建立多维的员工成长通道的数据依据、组织体系化的人才数字地图应用、构建满足组织战略发展的人才储备和培养体系。

5.5.1　建立基于胜任力的人才测评体系

基于胜任力的人才测评体系的核心功能是将那些明显不能胜任岗位、不符合组织文化及岗位特点的候选人淘汰，实现人才的初步筛选。同时，还能减轻后续面试的工作量，提高招聘的整体运转效率。

基于胜任力的人才测评体系可以帮助企业从候选人的能力潜质及性格两个方面找出适合岗位的、能胜任工作的人才。甄别候选人能力潜质和个性的方法有以下两点。

（1）候选人是否有胜任及适合岗位的能力潜质和性格

如果有很多，那么必须提炼出与绩效相关的关键指标，否则甄别缺乏侧重点。关键指标的提炼主要基于企业对岗位能力的要求和人才现有的能力之间的差距，通过这种差距能够找到较关键的人才需要提升的能力。

（2）能力潜质和个性一定要与胜任该岗位的工作行为表现密切相关

这一点是候选人表示可以胜任的心理层面原因。具体来说就是要将每一个人的潜质和性格与他现有的岗位要求进行对比，在对比过程中查看两者是否有相匹配的地方。如果差异太大，就说明人岗匹配度不高。

一般情况下，有些能力潜质和个人性格较难培养或不可培养，所以需要在招聘时就作为淘汰的标准。

5.5.2　建立多维度的员工成长通道的数据依据

企业构建多维度的员工成长通道，既有利于员工的成长，也有利于企业打造一支综合能力较强的核心骨干队伍。在人才培养的过程中间，企业可以利用人才发展培养的数据对员工的成长进行评价，助力员工成长通道的建设。这种基于人才数据建立的人才成长通道能够更加科学地对员工进行培养，助力人力资源更加有效、合理的应用。

一般来说，员工在企业里的成长会有 3 个维度：在技术路线上的成长通道、在管理路线上的成长通道以及在岗位上实际能力（专业技能）的成长通道。如何基于人才成长数据建立这3 个维度的员工成长通道呢？企业管理者需要做好以下 3 件事。

（1）规划人才成长多通道体系

企业的人才成长通道体系应当是多元化的，便于每个员工找到属于自己的"跑道"，成就自己，成就企业。企业管理者可以通过人才成长数据对人才进行描述和定位。

> **企业管理者在规划人才成长通道体系时要重点关注以下几点**
>
> ①要合理设计职类、职级。职类是指根据职业性质，将职业划分不同的类别，常见的职业类别有管理类、技术类、业务类、操作类。职级是指职业等级，通常在职类的基础上进行划分，如技术类可以分为一级、二级、三级，具体如何划分职业等级应根据企业的实际情况和技术类别而定。
>
> ②设计出每一职级相应的内部任职资格，将任职资格数据化，并与在员工的培养过程中的成长数据关联，在员

工职级晋升时进行数字化资格审查。当员工希望晋升到上一个职级时，他不仅要满足上一个职级提出的相关要求和条件，企业还必须对他进行数字化资格审核，目的是确保上一个职级的权威性。

③每一种职类有不同的通道和级别供员工选择。企业在建立员工成长通道时一定要考虑到员工的多样化，要做到每一个职类有不同的通道和级别供员工选择，确保能力不同、职业兴趣不同、受教育程度不同等的员工都可以找到适合自己的发展通道。为此，企业管理者应让员工了解不同职类的要求、标准、晋升条件以及各职类中不同级别与收入的对应关系，帮助员工找到合适自己的发展通道。

由于企业对员工的成长过程进行了数字化管理，所以通过数据跟踪的系统化培养方式，企业就可以实现人才多通道发展。这是企业人才发展多通道建设的价值补充，为各类、各级人才提供了更多的成长机会和发展空间。

（2）设计多通道评审标准

通道体系设计好后，企业就要制定相应的规则，要对各类通道分别制定通道评审标准。企业既要倡导企业员工向知识型转换，更要对员工能力进行管理。因此，多通道设计对员工既有基本条件的要求，更有能力素质和对企业工作贡献的要求。这样，传统意义上的"职称""学历"等只能作为新的通道任职资格的评审参考条件，而不是决定性条件。员工要想获得通道任职资格，还必须达到多通道评审标准。这种评审标准就是企业对员工在成长过程中的所有的成长数据的集合的综合性分析结果的应用。

企业管理者在建立多维度的员工成长通道时应注意以下 4 点

①鉴定和判断每个人的能力

设计通道评审标准时一定要鉴定和判断每个人的能力，确保评审标准公正客观，要尽可能地让工作能力较强的员工可以顺利地进入成长通道，获得更好的发展。同时，也要根据企业的发展需求以及一些重要职位的标准设计具有挑战性的通道评审标准，以激发员工的潜能，促进员工不断学习、提升，发挥人才通道的激励作用。

②明确人才成长是一个渐进的过程

建设人才成长通道的长远目标是人才可以自主学习，达到自己的职业发展目标。为此企业应当加大人才培养力度，采取一定的方法和策略促进员工自主学习。让员工明白，在他们学习过程中进行的所有的数据采集，对自己未来的职业发展非常重要。

③设计有竞争的淘汰机制

企业应当根据成长通道的要求和条件建立相应的淘汰机制，对于不符合通道标准和条件的应果断降低级别或让其退出，确保通道里的人才都是积极、活跃且符合通道标准的。

④逐步完善、持续改进人才通道标准的建设

企业的人才成长数字化体系标准需要不断完善、不断改进。该标准一方面需要适应组织业务发展的要求，另一方面需要根据企业的战略发展要求进行修订。

（3）做好多通道人员的管理

为了使员工在各自的通道上走得更远，企业要建立培训、评价、考核、使用与待遇相结合的长效机制，通过提供公平、公正、公开的竞争环境，充分调动员工学习技术、提高技能的积极性，有效提高员工的技术业务素质，使人才在各自的成长通道能够与他人进行良性竞争，有序发展。

将员工培养过程中的成长数据应用于企业内部职业通道的构建，能够更加有针对性地帮助员工提升自己，同时又能满

足企业发展的需要。所以，企业在建立员工成长通道时要学会
利用人才成长数据。

5.5.3　组织体系的人才地图数字化应用

长期以来，无法摸清人才的"家底"一直困扰着许多企
业管理者。通过企业人才成长数据跟踪系统化的培养体系，可
以为企业建成一个多层次人才成长数据平台应用场景，构建企
业实际应用的人才数字地图。人才数字地图是人才地图的一种
数字化呈现。

企业的人才数字地图的核心价值是能够帮助企业了解企
业关键人才的能力和发展现状，从而全面了解关键人才的优势
和劣势。在此基础上，更便于企业构建完善、系统的人才培训
和人才发展体系，为内外部招聘、选拔、留用、培养人才提供
标准及依据，从而提高业绩，有效解决无法摸清人才的"家
底"这一困扰。

那么，如何绘制人才数字地图呢？以人才盘点为依据，从
岗位出发，识别、定义组织的关键岗位并跳出岗位，从人才的
角度看企业是否具备足够的高潜人才，以形成人才继任梯队。

人才成长数据是人才地图绘制的基础，企业只有掌握了

人才成长数据，才能绘制并不断优化人才数字地图。在人才成长数据的基础下绘制的人才数字地图对企业人才进行了精准画像，提供了人才供需预测和人才预警，全面促进高层次人才引、育、用、管、服全链条工作的精准实施。

人才数字地图的绘制方法和流程，如图 5-11 所示。

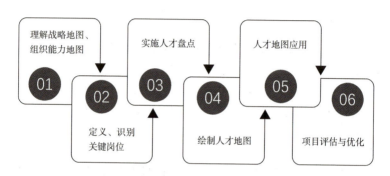

图 5-11　人才数字地图的绘制方法和流程

（1）理解战略地图、组织能力地图

要求企业从企业战略和组织能力出发，建设能够促进组织战略目标实现、提升组织能力的人才管理体系，使人才能够满足企业各发展阶段的需求。

理解战略地图和组织能力地图要求企业管理者应做到以下几点

①明确企业各阶段的战略目标，根据目标制定战略规

划并逐项分解，确保战略目标可以实现。

②对战略目标进行深入分析，明确实现战略目标所需要的核心资源，如关键组织能力。

③定义关键人才，即明确各项关键组织能力实施时所需要的关键人才或岗位。

（2）定义、识别关键岗位

经济学中著名的"二八定律"同样适用于企业管理。因此，企业管理者在进行人才盘点时应将重点放在 20% 的核心人才上，从价值层面定义、识别关键岗位与人才。

企业需要定义、识别的关键岗位或人才有以下几类

①关键业务主导者。

②中长期项目主要负责人。

③核心管理层。

④核心技术或业务骨干。

⑤培养难度大、市场稀缺的人才。

（3）实施人才盘点

人才盘点是指采取一定的方法和策略对企业内部人才的

数量和质量进行全面、深入的评估，促进并确保企业拥有可推动企业不断向前发展的人才的一组业务流程。人才盘点的核心价值是可以帮助企业精准识别出优质的人才资源。有效的人才盘点可以帮助企业做出准确的人力资源决策，确保人力资源工作可以得到预期的成果，助力企业成为人才驱动型组织。

企业管理者在实施人才盘点时应注意以下几点

①明确人才盘点目标

有效的人才盘点一定有明确的目标。人才盘点的目标通常分为3种：短期目标、中期目标和长期目标。短期目标是人才可视化，为内部人才调配与决策提供依据；中期目标是建立关键人才库，运用人才九宫格对人才进行盘点，重点关注高潜力人才；长期目标是建设人才梯队、制订关键岗位人才继任计划，重点关注人才的储备和培养。

②人才盘点需要解决的问题

企业管理者在对人才进行盘点时必须明确人才盘点需要解决的3个问题：设定本企业人才标准；基于企业的人才标准，科学、合理地识别、选拔、发掘人才；做好关键人才的培养、保留与发展工作。

③建立人才素质模型

建立人才素质模型是为了更好地对人才进行评估，在构建人才素质模型时必须清晰地定义各项指标的内容，例如人才的关键行为点、所达标准等级以及相关行为描述。

④确定审视人和审视岗位

人才盘点需先确定审视人，然后审视岗位。审视人是指对各级岗位进行审视的人员，其主要任务是对各级岗位的任职人员的所在岗位的胜任能力和成长潜力进行审视。审视岗位是指不考虑在岗人员的因素只审视岗位，主要任务是考察各岗位目前任职人员以及继任梯队的情况。

⑤进行人才质量盘点

人才质量盘点主要从人才角度和岗位角度进行。从人才角度进行是指要对关键人才的胜任能力以及未来发展潜力进行评估；从岗位角度进行是指对岗位任职人员与继任梯队发展状况以及组织中长期人才梯队进行评估，确保人才梯队可以满足企业未来的发展需求。总体来说，人才质量盘点主要是先考察各层级的岗位任职人员所表现出来的能力、创造的绩效，也就是我们所说的岗位胜任力，然后考察员工未来发展的成长潜能，最后根据盘点的数据制定有针对性的人才培养方案。

（4）绘制人才地图

人才地图可以更好地对人才结构进行规划，并使其可视化，这样可以让企业明确组织人才发展现状，清晰地看到企业当前拥有的人才、未来所需的人才以及两者之间的差距。在此基础上，组织可以有针对性地制订人才培养计划，形成组织人才管理梯队。

（5）人才地图应用

人才地图在组织中有着非常广泛的应用，通过人才地图，可以清晰地看到企业的人才结构，准确找到人才之间的差距，然后通过人才管理体系缩短差距或消除差距，使企业发展的各阶段都有合适的人才资源支撑。人才地图还可以根据人才评估结果有针对性地实施人才培养、保留、激励计划，建立人才继任梯队，打造良性的人才流动机制，打造系统化的人才管理体系，提高人才的产出率。

（6）项目评估与优化

人才地图需要在使用过程中不断校准优化，人才数字地图构建是一个循环往复、不断完善的过程。这个过程中企业的相关人员可以按照 PDCA［计划（Plan）→实施（Do）→检查（Check）→行动（Action）］循环方式不断完善、优化人才地图。

人才地图不仅是挖掘人才、找出人才差距的有力工具，还是企业调整人才结构和企业定位的参照标准和依据。所以，人才地图在人力资源管理中有重要作用。

5.5.4　构建满足组织战略发展的人才储备和培养体系

分析人才数据，可以帮助企业构建满足组织战略发展的人才储备和培养体系，主要表现在以下 5 个方面。

（1）构建人才储备体系

人才数据有利于企业构建人才储备体系。

企业构建人才储备体系的作用

①企业的人才储备是按照企业的战略发展目标对人力资源的体系进行构建的，通过数字化储备可以明确构建出人才储备的系统性需求。

②结合数字化分析应用，能够更精准地制定人才储备体系，构建培养路径及相应的实施体系和方案。

③通过数字化跟踪体系应用，能够为人力资源的合理应用，以及人才岗位迁徙过程中的对比依据进行有效的

指导。

（2）建立岗位－能力－课程对照体系

人才数据有利于企业建立岗位－能力－课程对照体系。

企业建立岗位－能力－课程对照体系的作用

① 如果企业管理者不了解各层级的各个岗位需要具备的能力，那么就无法确定为员工提供哪方面的培训，而通过数字化成长系统就可以清晰地定义能力和课程之间的关系。

②对比岗位要求和能力要求可以对岗位任职人员的各项能力进行评估，确定需要培养哪些关键能力，从而确定培训目标。

③对比能力要求和课程要求能明确通过哪些课程可以提升相应的能力。

（3）建立核心课程开发系统

人才数据有利于企业建立核心课程开发系统。

企业建立核心课程开发系统的作用

①企业核心课程开发系统中的部分核心课程是以本

企业或本行业的实际案例为基础进行设计开发的，这样做可以帮助员工将理论知识与实际相结合，从而提高工作绩效。

②建立核心课程开发体系有利于传递企业文化、优化业务流程，同时也有利于培养员工正确的行为习惯。

（4）建立内部培训师培养系统

人才数据有利于企业建立内部培训师培养系统。

企业建立内部培训师培养系统的作用

①与外部培训师相比，内部培训师对企业的相关情况更加了解、熟悉。

②企业要想建设学习型组织，就离不开内部培训师这股关键力量。

③内部培训师具有较强的责任心，关心企业的发展与未来，是企业创新和转型的助推力。

④内部培训师所耗费的培训成本较低。

（5）建立高级人才培养体系

人才数据有利于企业建立高级人才培养体系。

企业建立高级人才培养体系的作用

①培养高级人才可以增强企业的核心竞争力，同时还可以传递、延续企业文化，促进企业实现可持续发展。

②培养潜在人才可以为高级人才做储备。丰富的潜在人才储备资源，可以稳定企业的业务发展，助力企业实现战略目标。为潜在人才提供具有挑战性的发展空间，还可以增加中层人才的储备。

③培养具备扎实的专业知识储备、成长潜质，以及能够认同企业文化，愿意与企业一起发展的基层人才，可以充实、完善企业的人才库。企业可以为这些基层人才设计针对性的培养计划，让他们成为潜在人才的储备力量。

人才是企业发展的核心，构建满足组织战略发展的人才储备和培养体系则是企业工作的重点，是企业发展的命脉。由此可见，人才数据对人力资源管理以及企业发展具有较高的价值。

第6章

人才激活：

系统化人才培养体系的构建

人才战略规划与人才培养的关键工作是激活人才，只有激活人才，才能让人才为企业带来无限的价值。激活人才的有效方法是构建系统化的人才培养体系，通过完善的机制、多元化的维度、系统化的流程全方位激活人才。

○

6.1
系统化人才培养体系建设的基础

　　企业的系统化人才培养体系建设的基础是企业战略，只有以企业战略为基础的人才培养体系，才能实现企业的战略目标，促进企业不断发展。因此，企业管理者应通过对企业战略的分解细化，搭建好人才培养体系。在培养体系的设计过程中，企业管理者要考虑到管理序列和技术序列员工发展的不同路径，以及随着层级的提升，员工需要具备的不同素养，然后再制定具有针对性的培养方案，提升员工的工作能力、职业素养，调动员工的工作热情，提升员工的工作效率，引导员工将个人职业生涯规划切合与企业的战略，将人才培养作为企业战略的核心竞争力。

　　人才培养的主旨是提升员工的素质能力，以及提高人才能力与岗位的匹配度。人才能力与岗位的匹配度要与企业各业务单元的要求相对应，所培养的能力要结合企业的具体情况。在设计上要充分满足特色化要求，基于企业的传承和创新发展角度去培养干部队伍的管理（业务）能力。通过培养员工、提高员工，解决人员配置、人岗匹配的问题，为企业培养和提供合适的人才，做好人才储备，帮助企业形成人力资源配置的有效循环。

人才培养的根本目标在于提高员工个人履行岗位职责的能力。衡量培养结果的标准并不是员工在参与培训之后习得的知识或技能，而是员工是否能将习得的知识或技能充分应用到实际的工作中，做到真正意义上的提升工作产出。

总而言之，人才培养的过程要促进企业员工知识的积累、共享与传承，强调培养目标的针对性、实施的可行性及效果的高效性。

6.1.1　完善人才管理机制

人才是企业的核心竞争力，完善的人才管理机制是提高企业核心竞争力的有力工具。但是，传统的企业管理主要关注的是技术、财富，很少关注人才，导致人才的积极性和创造性无法得以发挥。因此，企业应当采取一定的策略和措施，对传统的企业管理方法进行优化、完善，建立并完善人才管理机制，关注人才，激发人才的创造性和积极性，从而提高企业的核心竞争力。

完善人才管理机制要求企业管理者落实跟踪监测，综合运用统计调查、年度报告、实地调研等方式，及时掌握和分析人才管理的实施情况。这就要求企业管理必须不断完善统计调查制度，使其更科学、更高效，并健全统一组织、分工协作、分级负责的统计工作体制，建立统计监测机制。

人力资源管理部门还应每年向企业管理层报送人才管理工作的实施情况，组织开展基于人力资源规划的中期评估。然后结合上级单位对工作的新要求和工作产生的新变化，有重点地评估人才管理工作的实施进展情况和存在的问题，并提出推进改善及实施建议。最后，加强人才工作的总结评估，对工作效果进行综合评价，为制定新一轮人才管理工作提供依据和参考。

完善人才管理机制可以从以下3个方面入手，如图6-1所示。

1 制定行之有效的人才发展战略

2 把好选人关

3 加强人才职业生涯管理

图6-1 完善人才管理机制

（1）制定行之有效的人才发展战略

完善人才管理机制首先要制定行之有效的人才发展战略。行之有效的发展战略是指企业应当从企业战略、发展方向、企业特色、企业人才需求等方面出发，确定企业所需人才的范围，制定人才发展战略，做好人才发展规划。这样制定出来的人才发展战略能够有针对性地引进人才，提升人才的时效性，让人才可以充分发挥自己的能力，为人才管理奠定基础。

（2）把好选人关

把好选人关，即企业在选拔人才的时候要认真、谨慎。企业管理者应当运用科学、合理、现代化的人才测评手段，将人才的现有能力、工作绩效和未来发展的潜力有机结合起来，对人才进行全面、综合地评估，不断改进企业的人才选拔流程。概括来说，企业管理者应当基于人才的现有能力，科学评估人才未来发展的潜力，从而提高人才的选拔效果。

在绩效考核环节，企业管理者要注重考核的全面性与多样性，应围绕绩效规划、绩效评估、绩效推进及绩效反馈等环节，分层次、分阶段进行考核，实现月度、季度、年度考核的有机结合。绩效考核不仅要考核人才的工作业绩增长情况，也要考核其思想作风情况；不仅要自上而下进行考核，也应重视同级、下级的参与，全面对人才进行岗位考核、项目考核、组织考核。同时，企业管理者还应不断创新人才管理及考核方式，利用现代信息化手段实现对人才的动态管理，推进人才绩效考核的实施。这样才能更加全面、仔细地把好选人关。

（3）加强人才职业生涯管理

人才是企业发展的核心力量，为了让这种力量得以持续并不断强大，企业应当加强人才职业生涯管理，帮助人才不断提升能力，成就自我。这样人才既能与企业共同发展，又拥有更广阔的发展空间。因此，企业需要站在人才发展的战略高度，在充分掌握人才的个性、能力、发展愿景等基础上，为人才提供职业规划咨询，帮助人才做好职业规划，尽可能地为人才营造良好的发展空间。

企业管理者应将人才的职业生涯管理作为一项长期的、系统性的工作来抓，实现人才的有效配置及管理，促进人才管理机制实现科学化及系统化。

6.1.2　深化人才激励机制

人才培养需要激励。企业通过各种激励手段可以激发人才的需求、动机、愿望，使人才在工作中能够保持积极性和主动性，不断提升自身的能力。所以，建设系统化的人才培养体系离不开人才激励，企业管理者深化人才激励机制可以从以下3个方面入手，实施人才激励机制。如图6-2所示。

树立正确的人才激励观

开展行之有效的目标激励

以合理的薪酬机制实现人才激励

图6-2　深化人才激励机制

（1）树立正确的人才激励观

企业首先应树立正确的人才激励观，在企业内部形成公平公正、轻松和谐的激励环境。企业管理者既要知人善用，又要扬长避短，合理配置人才资源。同时还要做到"用人不疑，以绩取人"，充分调动人才的积极性、主动性，激励人才与企业共同发展。

（2）开展行之有效的目标激励

目标激励是企业得以吸引人才、留住人才、充分发挥人才主动性和创造性的关键策略。企业管理者应根据实际情况，制定切实可行的发展目标，细化各项实施计划，监督员工脚踏实地地完成计划中的具体步骤。目标激励这种激励形式既能兼顾大方向的发展前景，又能深入人才的内心世界，是比较有效的精神激励方式。

（3）以合理的薪酬机制实现人才激励

薪酬是人才劳动价值最为直观的体现，企业应根据不同人才发展需要制定合理的薪酬机制。例如，针对企业高级经理和首席专家的年薪制；针对普通管理人才的级别薪酬制；针对技术人才、科研人才的特别工资制；针对销售人才的提成制；针对生存人才的岗位技能工资制；针对临时工的计时（计件）工资制等。企业通过差异化的薪酬激励方式优化分配结构，充分体现人才收入与其岗位职责、能力、业绩的匹配情况，使企业各层次人才均能获取相应的薪资报酬。这样才能体现出人才真正的劳动价值，使人才的薪酬水平实现与市场价位的对标，以此激发人才的工作积极性及创造性。

除了以上几种人才激励机制，企业管理者还应当积极探索股票期权激励、知识要素分配等激励机制，构建企业高级优秀人才的中长期激励办法。这样能够将人才收入与企业业绩紧密地结合起来，提升人才的归属感及使命感，在强化人才体系建设的同时，有效提高企业的经营管理业绩。

总之，企业人才激励机制应实现物质激励与精神激励的有机结合。企业管理者要在企业内部构建爱岗敬业、成长成才、创业创新的良好氛围，以优厚的物质条件、差异化的福利待遇、定制化的奖励来激发各类人才的工作热情，以人性化的精神激励有效激发人才的创造力。

6.1.3　加强人才培养机制建设

人才培养不但能使人才受益，也能给企业带来无限发展的空间，因此，企业人才体系建设离不开人才培养的有力支撑。为此，企业需要不断加强人才培养机制建设。

加强人才培养机制建设应遵循的原则

（1）自主性原则

一般来说，员工更倾向于自主学习和独立学习，对教学者没有太强的依赖性，个人意识和责任感较强。因此，企业在制定人才培养机制时要注重遵循自主性原则。

（2）社会性原则

员工在工作中通常会借助自己所学的知识和积累的经验开展工作或解决难题，而不是以教学者的传授为主。对于员工而言，学习可以帮助他更有效地完成其承担的社会责任，提高社会地位。因此，企业在制定人才培养机制时一定要遵循社会性原则。

（3）实用性原则

学习的目的在于帮助员工运用所学的知识解决工作中遇到的问题，因此员工更喜欢以任务为中心的学习。遵循实用性的人才培养机制主要体现在培训活动是目的性较强的学以致用的过程，员工能够针对工作中的问题进行学习。

基于以上 3 个原则，企业要想加强人才培养机制的建设，可以从以下两个方面入手。

（1）制定切实可行的人才培养规划

企业应根据实际发展需求，制定切实可行的人才培养规划，并根据人才的优势及个性，为其量身打造详细的职业规划。总之，企业要采取合适的策略和方法，不断巩固人才培养计划的系统性，不断完善人才培养机制。

制定了切实可行的人才培养规划后，企业要根据人才培养规划进行合理有序地分步实施，为人才创造提升的机会。例如，岗位培训、专业培训、技术培训、业务培训、参观学习等形式多样的提升机会。

针对不同类型、不同任职资格、不同职业能力的人才，可以采取差异化的人才培养模式。例如，对于管理类人才，可以采取管理型人才培养模式，加强培养人才的沟通、协调、统筹能力；对于技术类人才，可以采取技术型人才培养模式，加强培养人才的高精尖知识水平及专项技能。与此同时，企业还应尽可能地为人才创设条件，满足人才对更多知识的渴求，帮助人才不断充实自我，更好地适应知识和技能快速更新的现代社会。

（2）创设宽松的人才培养环境及条件

企业内部应出台相关制度，引导和鼓励企业员工自学成才。同时，还要开展技能竞赛、岗位练兵等形式多样的活动，有效锻炼、培养人才，促使人才不断地提高工作质量及水平，提升自身能力，使人才培养可以最大限度获得回报。

此外，企业还要利用企业文化助力人才培养，明确企业发展的基本信念、总体目标、价值观导向，从而引起人才的共鸣，激发人才的热情。在企业文化营造的良好文化氛围和制度环境下，真正实现识别人才、爱惜人才、重用人才，加强人才对企业的情感，提升人才对企业的忠诚度，增强企业的向心力及凝聚力。

6.2
系统化人才培养体系建设的 4 个维度

企业在系统化人才培养体系建设时要围绕 4 个维度展开，分别为目标、方法、流程和结果，如图 6-3 所示。

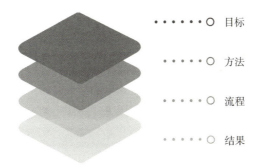

图 6-3　系统化人才培养体系建设的 4 个维度

6.2.1　目标：人才培养想要实现的目标

人才培养想要实现的目标就是人才在能力、思维和行为上要有满足岗位所需要的能力。因此，企业管理者在设定人才培养的具体目标之前，必须结合企业实际的人力资源情况与未来发展需求，通过对比、分析，找出人才与企业需要的人才之间的差距后，企业管理者可以有针对性地制定相应策略，帮助人才缩短、消除差距。简单地说，人才培养想要实现的目标就是缩短、消除当前人力资源情况与未来发展需求之间的差距。

目标设定得越具体，越利于缩短、消除差距，因此企业管理者在设定人才培养的目标时要明确企业未来的发展方向以及对不同岗位的能力要求。也就是说，人才的能力目标不局限于人才当前的岗位，也要考虑人才在未来的岗位上的具体能力。然后可以有针对性地制定培养目标，帮助人才缩短、消除差距，实现成长。

6.2.2 方法：有效实现培养目标的路径

明确当前的人力资源情况与企业未来发展需求之间的差距后，企业管理者就要积极寻找具体的缩小、消除差距的办法，即有效实现人才培养目标的路径。简单地说，就是要基于人才的现实情况进行详细分析，常用的方法是人才测评技术和岗位能力指标评估。

（1）人才测评技术

人才测评技术是指通过科学的方法和手段对人才的素质、

能力进行测量和评估的一项活动。

人才测评的方法

①小组讨论

通过小组讨论的方式，可以从人才表现出来的行为对人才进行测评，观察人才的表达能力、反应能力和专业能力。采用这种方式进行人才测评时要注意：讨论主题要明确，内容要与岗位相关；难度要适中，多提开放性问题；内容要具体，立意要深远。

②案例分析

企业管理者可以要求人才对企业的一些具体情况进行分析，也可以鼓励人才发表对整个企业或整个行业的想法和见解。

③主题演讲

一般指企业管理者确定一个与岗位有关的主题，让人才围绕主题自由发挥，表达自己的想法和观点。

④评价中心法

评价中心法的核心是情景模拟，即将人才安排在模拟工作环境中，要求人才处各种可能出现的问题，然后通过人才的表现对其能力进行考核、评估。

除了以上 4 种方法，还有面试法、测验法、团建法等人才测评技术。企业管理者应多了解相关测评技术，并用合适的方式对人才进行测评，真实、全面地了解人才具备的能力。

（2）岗位能力评估

通过岗位能力评估，企业管理者可以直接了解人才的真实情况，如人才的相关行为表现、工作业绩、专业技术等。然后，企业管理者分析这些情况，找出人才的真实情况与企业未来需求之间的差距。岗位能力评估在第 3 章的"建立岗位模型"中有具体的介绍，大家可以参考。

无论是人才测评技术还是岗位能力评估都是为了了解人才的真实情况，然后将人才的真实情况与企业未来需求进行对比，找出差距。找出差距后，企业便可以有针对性地制订人才培养计划，帮助人才缩短、消除差距，实现人才培养目标。

6.2.3　流程：将输入转化为输出的关联活动

在人才培养的过程中，企业管理者要有效引导人才对培训内容进行消化并形成镜像输出，要保证整个培训过程的连贯性和系统化。简单地说，就是帮助培训对象将在培训中所学的知识和内容进行转化，并运用到自己的工作中。所以，企业管理者不仅要制订人才培养计划，还要确保人才培养计划得以落地实施，成功输出。

（1）对培训内容进行复盘和考核

培训结束后，企业管理者应要求人才对培训内容进行复盘，帮助人才回忆并掌握培训的重点内容。然后对培训结果进行考核，衡量人才对培训内容的掌握程度。如果人才对部分内容没有掌握，还应有针对性地帮助人才进一步消化所学内容，确保其后期可以顺利地转化。

（2）不断练习，促进培训内容落地

"知道"到"做到"之间隔着无数次练习，为了促进人才将所学的知识运用到实际工作中，企业管理者可以通过建立"练习＋分享"的方式，促进人才不断地练习，从而加速人才对培训内容的运用和实施。

从拓展的角度来看，人才将所学的知识转化为岗位能力并对同事或下属进行指导，就是将所学的培训知识进行了二次输出，进一步提升了培训内容的价值。

6.2.4 结果：缩小期望与现实的差距

人才培养的目的是行为性输出而不是存留个体的认知，

也就是说，人才培养必须达到相应的结果，才能够缩短或消除现实与期望的差距。

在实际的人才培养过程中，企业管理者要明确人才培养的目的是人才要有行为性的输出，而不是仅仅说"我懂了""我拥有了某方面的能力""我学习了很多知识和技能"，却无法在实际岗位中表现出解决问题的能力。这种没有任何成果的人才培养是无效的。为此，企业管理者在对人才进行培养时一定要具备对标性。所谓的对标性是指在没有对人才进行培养前，要明确人才所具备的岗位能力有哪些，以及人才经过培养后在原岗位或调动岗位以后具备哪些岗位能力，然后将两者进行对比。对比的差距就是人才行为性输出的结果。如果差距较大，那么说明人才达到了行为性的输出，人才培养有了相应的成果。反之，人才则没有行为性的输出，人才培养没有得到相应的成果，这时企业管理者就需要采取一定的措施，优化人才培训体系，以达到相应的成果。

任何事情只有得到了期待的成果，才能称之为成功，人才培养也是如此。只有人才的能力得到了真正的提高，使现实与期望的差距缩小，人才培养才算取得了成功。

6.3
系统化人才培养体系建设的流程

　　系统化的人才培养体系建设是一项较为复杂的工程，它涉及很多流程，只有把握好其中的各项流程，这项工程才能顺利完成。为此，企业管理者要掌握系统化人才培养体系建设的流程，并按照流程建设系统化人才培养体系。

6.3.1　建立系统化人才培养体系的目标

　　企业管理者要以企业人才发展战略目标为依据，建立整个人才培养体系的目标，可以按照以下步骤进行。

　　（1）根据企业的发展战略、经营目标，制订企业人才需求计划

　　从企业的发展战略和经营目标中我们可以看到企业的未来发展方向和目标，从而可以明确企业的发展需要什么样的人才来完成以及需要的人才数量。所以，人才需求计划需根据企业的发展战略和经营目标制定。

实际上，企业发展战略、经营管理目标与人才需求计划相辅相成。企业的发展战略和经营管理目标对人才需求计划的制订具有导向作用，而人才需求计划为企业战略发展和经营管理目标提供了人力保障，有助于企业发展战略的推进和经营管理目标的实现。

（2）通过对企业人力资源现状的调研和分析，掌握人才的知识和技能水平

制订好人才需求计划后，企业管理者要对企业人力资源现状进行调研和分析，以掌握人才知识和技能的水平。明确这些信息后，企业管理者才能确定人才所能胜任的岗位以及人才的培养方向。

（3）根据人才需求计划和人才状况，制定企业人才发展目标规划

明确人才需求和人才状况，也就意味着企业管理者要搞清楚企业需要什么样的人才，需要多少人才，以及当前有什么样的人才。在此基础上，企业管理者才能明确企业人才要朝哪个方向培养。换句话说，企业管理者可以依据人才需求计划和人才状况，制定企业人才发展目标规划。

6.3.2　组建负责人才发展的组织体系

企业应组建负责人才发展的组织体系，确保可以实现人才培养的目标。

（1）根据人才发展目标规划，改造现有的人力资源体系

改造现有的人力资源体系的前提在于，企业要明确当前的人力资源管理的方式，以及人才培养方式是否能够满足企业的人才发展目标。如果不能满足，那么就要根据实际情况对现有的人力资源体系进行调整。例如，企业没有系统的人才培养体系，那么就要构建一个系统的人才培养体系。在具体的规划过程中，企业管理者要调整人才培养过程中的措施和方法，也就是对人力资源管理的方法和手段进行优化，这样才能让整个人力资源体系为企业的人才发展提供服务。

（2）增加人力资源体系的职能

增加人力资源体系的职能实际上就是增加制定企业人才发展的目标并且保证实现过往的人力资源管理体系。企业管理者往往会忽略制定和实现人才发展的目标的一些方法，更多的是根据业务部门或者决策管理部门对人才的要求去执行。但是，企业管理者应该更强调人力资源体系的职能，增加对人才发展目标的分析，以及完成目标的制定，最后还要思考和落实

如何去实现这样的目标。

（3）新人力资源体系规划

新人力资源体系规划可以从以下 4 个方面入手

①人力资源体系的职能、目标。人力资源的职能是指确定人力资源任务由谁来完成以及如何管理和协调这些任务的过程。人力资源的目标则是指企业希望通过努力达到的人力资源的未来状况。

②人力资源的层级、分工。组织的层级是指从最高的管理者到基层的员工之间形成的层级。通常，组织的层级与组织规模成正比。组织分工是指组织为了完成某一项任务或多项任务，根据个人能力将任务分配给不同员工，实现组织协作，完成任务。

③人力资源组织的规模、编制。组织规模是指组织的大小，即一个组织中拥有的人员数量以及这些人员之间相互作用的关系。从某种意义上说，组织规模对组织结构起决定性的作用。组织编制是指组织机构的设置以及不同机构的人员数量的定额和职务的分配。

④人力资源组织体系下相关岗位职责、权限。即人力资源组织体系下各相关岗位需要担负的具体职责和权限。

6.3.3　制定系统化人才培养体系的实施方案

系统化人才培养体系的实施方案是实现人才发展的具体路径和方法。企业管理者可以根据人才发展目标制定系统化人才培养体系的实施方案，具体内容包括以下 6 个方面。

（1）人才的培养

系统化人才培养体系的实施方案的重点内容是人才的培养。

人才的培养可以从以下 5 个方面入手

①人才的选拔

人才的选拔是人力资源的入口，也是人才培养的源头。企业管理者在进行人才选拔时应关注知识（包括学历、专业、工作经历等）、技能（主要是指胜任岗位需掌握的工具、方法等）、企业核心素质（是指从企业的核心价值观出发，对员工的基本素质和行为提出相关要求。这一点适用于企业中的所有员工，无论其在哪个部门，任职哪个岗位）、职类通用素质（是指通过对同一职类的各岗位业务性质和业务特点的分析、总结，提炼形成的该职类必须具备的通用能力和素质）、岗位专业素质（是指不同的岗位所要求的专业能力和素质不同，同一岗位也包含了

多项专业的能力和素质）。

②数据化呈现培养标准

数据化呈现培养标准是指尽量用数据描述对人才培养的标准，明确对人才进行培养后人才能力能够达到相应的标准。

③课程体系的构建

课程体系的构建是基于企业对人才培养的目标，确定用什么样的课程来提升人才的能力以及增加人才的知识储备。这样的课程体系是在企业人才发展的总体框架上形成的，可以从课程体系中抽取每一个单独的培养项目所对应的课程内容，以完成企业培养内容的输出。

④培养人才的讲师（企业内部或外部师资库）

培养人才的讲师是指在企业的培养过程中完成授课以及行为辅导等项目内容的老师。培养人才的讲师一般是企业内部负责授课的人员，以及企业通过外部机构聘请的讲师，例如培训公司的讲师和一些自由讲师。因此，企业不仅要建立企业内部的师资库，还要建立企业外部的师资库，以确保培养讲师资源的充足。

⑤符合组织成员特点的多元化培养模式

符合组织成员特点的多元化培养模式是指在培养的过

程中，企业要结合培养对象的特质，采取多元化的培养方式。例如，授课辅导、案例分析，或者采取考试、写论文等方式。

（2）人才的激励

人才的激励可以从以下 3 个方面入手

①人才的激励政策与原则

企业需要根据人才的特点制定相应的激励政策与原则。常见的激励政策有绩效工资、物质奖励、福利奖励等，各激励政策需遵循公平、公正、开放原则。

②激励制度和数字化标准

激励制度是指为激励员工制定的相关机制，如员工每个月达到 5 万元的销售业绩便可以获得 1000 元奖金。数字化标准就是激励措施可衡量，如 "5 万元" "1000 元"，这些就是数字化。

③激励的实施细则

为了确保激励政策的有效落实，企业管理者应当制定激励的实施细则，包括制定激励政策的缘由、目的以及具体方案。

（3）人才的考核

人才的考核可以从以下 4 个方面入手

①人才的标准定位

人才的标准定位一定是基于社会对人才的衡量标准，同时结合企业的战略目标来对它进行定位和描述。

②人才考核的数据化系统

人才考核的数据化系统就是将人才的能力数字化，用多维度的数据来描述人才的能力，形成标准的数据化体系。

③人才的考核方法与数据记录

人才考核的方法有很多种，如笔试考核、面试考核以及情景考核，企业管理者可以根据实际情况选择合适的方式对人才进行考核。考核的过程中要将所有数据都记录下来，也就是我们所说的数据记录。

④人才考核成绩记录与应用

考核结束后，企业管理者要统计人才考核成绩并进行记录。通过对比人才考核当前成绩与之前成绩，可以看出人才是否获得了成长。人才考核成绩可以作为人才晋升和加薪的重要依据。

（4）人才的晋升

人才的晋升可以从以下 3 个方面入手

①晋升通道的设立

企业管理者应结合企业的人才发展以及企业的组织结构设立晋升通道。人才晋升通道应当是多元化的。为此，企业管理者应从技术层面、职能层面和行政层面等多个维度设立晋升通道。

②晋升的标准数据化

晋升一定要有标准，且一定要数字化，否则会让员工认为晋升不公平，只由管理者决定。企业管理者应采用数据化方式呈现晋升的标准，让员工明确做出了什么样的成绩才能晋升。例如，一年完成 3 个大项目、成交额达到 500 万元可以晋升团队主管。

③晋升的依据与原则

企业里人才晋升的主要依据是人才的岗位能力以及职业能力能够创造出的价值。因此，明确人才晋升的依据后，还要掌握人才晋升的原则。见图 6-4。

德能和业绩并重的原则

晋升需要考量员工的思想品德、业务能力及在工作中取得的成绩和工作理念。

逐级晋升与越级晋升相结合的原则

逐级晋升是较常见的一种晋升方式，适用于一般情况下的晋升，但是对于对公司有重大贡献，表现十分突出的人才或一些特殊人才，公司也可以考虑让其越级晋升。

纵向晋升与横向晋升相结合的原则

员工可以在本岗位按照晋升渠道晋升，也可以根据自身的发展需求调整晋升渠道。也就是说，晋升渠道并不是固定不变的，员工可以根据自身的实际情况灵活调整。

内部选拔与外部招聘相结合的原则

职位空缺时，企业应首先考虑从内部选拔合适的人才，当内部没有合适的人选时，再考虑从外部招聘合适的人才。

实行考评晋升制度的原则

例如，员工每年有一次晋升的机会，每半年考核一次。通过考评获得晋升资格者，一般须在上次晋升的一年后或转正定级一年后，方可申请晋级。

图6-4 人才晋升的原则

（5）员工职业发展规划

员工职业发展规划可以从以下两个方面入手

①员工职业发展与组织发展相关联

员工应把组织作为一个职业平台，而这个平台的大小以及发生的变化，就是员工在职业发展过程中不断提升的机会。组织发展得越好，这个平台越大，在员工的职业发展过程中给予的机会就越多。

②员工职业发展规划的保障措施

员工职业发展规划的保障主要体现在组织平台上，即组织平台的制度、机制、政策等能否在员工的职业发展过程中提供保障。这个保障包括薪酬、福利以及员工在岗位变动、晋升时需要的能力培养等。

（6）预算编制

预算编制一般是指在人才的培养过程中，企业在整个成本预算中的投入，以及在未来的职业岗位和职级体系上是否和企业的架构相匹配。匹配度越高，越利于人才培养体系的建设。

6.3.4 建立和完善系统化人才培养体系的各项制度

在系统化人才培养体系的实施方案完善的基础上再建立和完善系统化人才培养体系的各项制度，这样可以让人才发展工作顺利地开展。具体的管理制度包括以下4个部分。

（1）培训制度

培训制度主要包含以下 6 个方面的内容

①人才培养数字化标准手册

人才培养数字化标准手册也称为操作指导书。企业管理者在制定培训制度时，首先应根据企业的实际情况和人力资源的现状以及企业未来的需求制定人才培养数字化标准手册。有了标准手册，人才培养便可以按照手册顺利地推进。

②培训管理体系数字化系统的应用管理制度

为了保障培训管理体系数字化系统的安全，促进数字化系统的应用和发展，企业管理者还应建立培训管理体系数字化系统的应用管理制度。

③课程开发与采购管理

课程开发是指企业管理者通过需求分析并确定培训目标，再根据培训目标选择相关培训课程，以达到培训目标。采购管理是指为促进培训工作而采购与培训相关的物品。

④内外部讲师管理

为了激励内外部讲师在培训工作中发挥核心作用，组建学习型组织，提升培训效率，企业管理者还应根据实际情况制定相关制度，对内外部讲师进行管理。

⑤培训预算管理

为了规范培训费用，确保培训费用的合理利用和培训工作的有效开展，企业管理者应制定详细的培训预算管理制度，做好培训预算管理。

⑥培训奖惩条例

为了进一步调动人才参与培训的积极性，提高培训效率，培训制度就必须包含培训奖励条例。例如，积极参与培训课程并通过考核的员工可以获得一定的物质奖励。

（2）人才的激励制度

为了提升人才的积极性和归属感，稳定人才队伍，为企业发展和人才发展提供机制保障，企业管理者需要建立完善的人才激励制度。

人才激励制度通常应包含以下两个方面的内容

①激励方式

人才激励的方式有很多种，例如职业规划、薪资福利、技能提升、研发激励等。应对不同层级、不同岗位、不同能力、不同需求的员工采取不同的激励方式。例如，专注研发的员工可以通过设定研发奖金进行激励。

②激励策略

有效的激励需要掌握一些策略，常见的激励策略包括激励要及时，要有一定的力度，激励还要公平公正、奖罚分明等。

（3）人才的考核制度

人才考核是人才培养的一个重要环节，是指企业管理者对照工作目标和工作标准，采用科学的方法和手段对人才进行考核、评估，评定人才的工作完成情况和发展情况。为此，企业管理者需要制定完善的人才考核制度。

人才考核制度通常包括以下 4 个方面的内容

①适用范围

适用范围是指人才考核制度的适用范围，例如"本制度适用于公司主管级别（含）以下所有员工"。

②考核方式和权责

考核方式和权责是考核制度的核心内容。考核方式有很多种，例如主管考评、自我考评，不同的考核内容可以采用不同的考核方式。无论采取哪一种考核方式都要明确考核者与被考核者的权责。例如，考核者在考核的过程中要起到监督、审核的作用，被考核者要按照相关规则参与考核。

③考核原则

考核原则通常包括公开公平原则、客观性原则、开放沟通原则等。

④考核评价

企业管理者对照工作目标和工作标准，采取合适的考核方式对人才的工作进行评价。

（4）人才的晋升制度

人才的晋升制度是促进人才成长的有效制度，能够促使人才不断提升个人素质和能力，充分调动人才的主动性和积极性。

人才的晋升制度通常包括以下3个方面的内容

①晋升范围

从部门层面来看，人才晋升可以划分为部门内部晋升和不同部门之间的晋升两种形式。部门内部晋升是指人才在本部门的岗位晋升，一般由各部门管理者根据人才考核的实际情况安排晋升工作，并上报存档。不同部门之间的晋升是指人才跨部门晋升，由不同部门的管理者根据人才考核的实际情况安排晋升工作，并上报存档。

②晋升形式

晋升形式有很多种，常见的有职位晋升、薪资晋升等。

③晋升权限

晋升权限即谁可以执行人才晋升决策。通常，普通员工的晋升一般由部门主管或经理提议，由部门总经理做出晋升决策，核定晋升后通知行政部门；部门主管或经理的晋升一般由总经理以上级别人员提议并呈董事长核定；总经理、副总经理及总经理助理的晋升一般直接由董事长核定。

6.3.5　建立培训课程体系、讲师队伍、培训方法

人才培养离不开人才培训，因此建设人才培养体系就必须完善培训相关内容，主要包括培训课程体系、讲师队伍和培训方法。

（1）培训课程体系

建立课程体系主要分为两个方向，即外部课程采购和内部课程开发。

外部课程采购是指从企业外部可以提供培训课程的培训

机构购买相应的课程，让外部机构或培训师为企业提供所需要的课程内容。

内部课程开发是由企业内部的员工担任讲师，将企业相关知识进行萃取、传授和转化，向广大员工进行宣讲和授课的内部课程。

（2）讲师队伍

为了更好地开展培训，提升培训效果，企业管理者应组建讲师队伍。组建讲师队伍需要做好两项工作——外部讲师遴选和内部讲师选拔、培训。

外部讲师遴选是指根据企业的培训需要在外部培训机构选择合适的培训讲师。

企业管理者在遴选外部讲师时应注意以下两点

①讲师的职业素养。讲师的职业素养包括服务意识和责任心，这是作为一名合格讲师的基本要求。

②专业技能。专业技能是对讲师的核心要求，决定了讲师的课程能否满足企业的培训需求。

内部讲师选拔应按照公开选聘、培养的原则。在企业内部公开选拔符合企业培训讲师队伍建设需要，有意愿从事

（专职或兼职）企业内部讲师工作的员工。同时，也要适当考虑在中层管理干部中推选部分可以承担培训工作并且愿意分享知识的人员，通过宣讲公司建设内部讲师队伍的精神，让员工明白其意义和价值，以更广泛地挖掘、培养企业的讲师人才。

对选拔的内部讲师还要进行专业的培训，帮助其快速达到为企业内部培训服务的标准。所有选拔出来的意愿者在培训能力提升的过程中要接受相关考核，通过考核的意愿者才能正式加入企业内部的讲师队伍，并按照其受训期间及结业时的能力评估进行内部讲师定级。定级后的内部讲师在为企业服务时，考核及绩效报酬都与其所定级别挂钩。例如，根据某企业具体情况设计的内部讲师认证级别评定分为 4 个维度，分别为胜任力评价结果、授课量、积分和开发课程，详细评定标准见表 6-1。

表 6-1　某企业内部讲师级别认证评定标准

认证级别 / 项目	储备级讲师	讲师级讲师	专家级讲师	教授级讲师
胜任力评价结果	35 分（含）以上	60 分（含）以上	70 分（含）以上	80分（含）以上
培训教案	内容丰富，简练，逻辑通顺，易理解	培训目标明确，培训逻辑性强，内容安排科学、合理	培训内容主题突出，课程内容新颖，具有一定的创新性	内容丰富，有深度，针对性强，能够理论联系实际，具有很强的实效性

续表

认证级别 项目	储备级讲师	讲师级讲师	专家级讲师	教授级讲师
授课内容	能系统地讲授一门至两门课程	能承担公司的某类专题培训	培训课题类型达到两种以上	培训课题类型达到 3 种以上，能够辅导内部讲师
其他要求	在某一方面有一技之长，能制作课程演示幻灯片	根据培训目标，能撰写教案，提供有价值的内容	撰写的教案有一定的创新性，能够生动、形象地讲解内容	有较强的科研能力和水平，对理论和实际问题有深刻的分析能力
授课量	无要求	作为讲师级讲师，每年实际授课量达到 30 课时（含）以上	作为专家级讲师，每年实际授课量达到 50 课时（含）以上	作为教授级讲师，每年实际授课量达到 80 课时（含）以上
积分	无要求	作为讲师级讲师，年度积分累积达到 30 分（含）以上	作为专家级讲师，年度积分累积达到 70 分（含）以上	作为教授级讲师，年度积分累积达到 100 分（含）以上
开发课程	已开发至少一项 2 小时的课程并通过评审	已开发至少一项 3～4 小时的课程并通过评审	已开发至少一项 6～8 小时的课程并通过评审	已开发至少一项 6～8 小时的课程、至少一项 14～16 小时的课程，并通过评审

注：1. 根据需要，胜任力评价每年集中进行一次。

　　2. 担任本级别讲师满一年方可进行认证级别晋升申请，降级不受本条件限制。

（3）建设专职讲师队伍

为了更好地实施人才战略，更有效地整合资源，更充分地发挥内部讲师在员工培训中的作用，企业应当建设专职讲师队伍。同时，企业应积极将内部讲师作为人才队伍建设的后备力量重点培养与管理，达到"培育卓越人"的要求，进而实现"从优秀到卓越"的新目标。

总结分析国内外优秀企业的实际经验，结合企业的发展特色及其业务需要，我们提出以在企业内部大学体系（内部知识供应链）的基础架构下，结合传统的"FTAM"模式，重新整合打造一支满足企业人才培养和培训体系需要的内部讲师队伍，力图将外部培训服务商与内部讲师体系有机结合，建设有企业自身特色的企业人才培训体系，如图6-5所示。

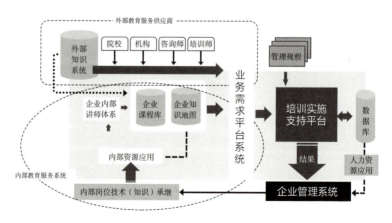

图6-5 企业内部大学体系

所谓的"FTAM"培养模式即"3+1"组合模式，分 3 个关键步骤——队伍建设（Formation）、培养（Training and Transfer）、应用（Apply）和一个支撑平台——管理系统（Management System）。

根据 FTAM 项目的整体计划和安排，结合企业内部讲师队伍管理基础，从内部讲师队伍建设、培养、运行及管理体系建设 4 个层面开展相关工作。

具体来说，建设专职讲师队伍可以按照以下步骤进行，如图 6-6 所示。

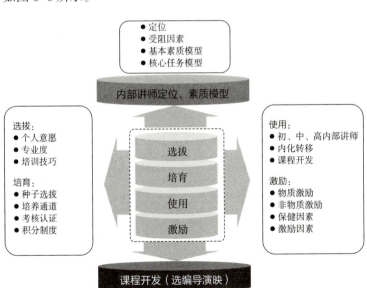

图 6-6　专职讲师队伍建设模型

第一步，建立内部讲师岗位胜任力模型

基于企业当下及未来发展需要，结合企业内部讲师工作的实际情况和未来操作的便利性，对内部讲师岗位胜任力模型及其评价要素进行整体设计。

内部讲师岗位胜任力模型包含心理特质、知识水平、素质能力 3 个大类，共 20 个因子。其中，心理特质类因子可以反映出内部讲师个人性格和从业态度等方面的特征；知识水平类因子可以反映出内部讲师综合知识水平和培训基础知识的掌握程度；素质能力类因子可以反映出高质量完成所教授课程应具备的 4 类素质和能力，包括思维能力、沟通协调能力、现场授课能力和课程管理能力，如图 6-7 所示。

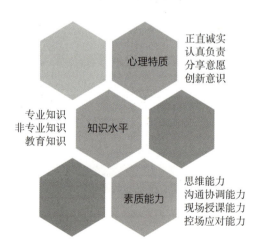

图 6-7　内部讲师岗位胜任力模型

第二步，建立完善内部讲师的管理制度

建立并不断完善企业内部讲师管理制度才能有效地进行企业内部讲师体系的建设。企业管理者应从制度上对承担了企业文化和技术传承及业务推广、员工工作能力提升等培训工作的员工予以相应的激励保障。这样做有利于推动企业内部培训工作的实施，同时将更加易于将培训目标落实到基层，课程内容也更贴近实际工作。

第三步，基于企业发展做好内部讲师队伍建设工作的宣讲贯彻

为提升员工业务能力，有效整合各区（市）县分公司的业务方面的人才，全面提高员工工作效率，形成内部员工"乐分享、愿交流"的学习交流氛围，企业可通过企业内部管理平台、企业公共平台、内训教研交流、中小型巡回演讲等多种形式，加大对内部讲师的宣讲贯彻与招募工作。总之，要充分展现企业对内部培训工作的关注，将"培训提升能力、交流促进进步、提炼推动发展"的思路传递给企业的每一员工，让每一个企业员工都有展示的空间和发挥的舞台。

（4）方法——建立有效的、形式多样的培训工具和方法

确定了培训课程，建设了讲师队伍，接下来企业要做的就是建立有效的、形式多样的培训工作和方法，这样才能让培

训课程落地实施。

有效的、形式多样的培训工具和方法，主要基于企业内部员工的学习机制的构建。在构建的过程中，要重点考虑如何让培训对象既能快速吸收、消化，又能将培训内容快速转化为工作能力的路径和方法。

在传统培训中，较常见的方法是知识灌输，但是随着时代的发展和进步，在人才培养的过程中，企业应该更强调知识的转化能力。知识的转化能力是通过学习者在学习的过程中，学习知识并建立自己的知识体系，再转化到自己行为体系的一种能力。这种能力需要从多维度吸收知识，所以在培训工具和方法上需要多元化。

多元化的培训工具和方法

①以案例为支撑的情境学习

业界人士对情景学习的研究表明，学习本身就是情境性的认知，掌握知识以及如何运用知识这二者是相辅相成的。也就是说，知识的学习离不开知识运用的情境。离开情境的知识学习，只会是一些没有意义的刻板知识的记忆，很难达到迁移和实践运用的效果。所以，学习并不能只停留在所学知识的表面，而是应该运用到真实情境中，以达到学以致用的效果。

为了营造较为真实的情境，我们通常使用的是实际工作中的案例，组织学习者对案例进行解析和研讨，指导学习者完成案例分析，提升他们在实际应用过程中解决问题的能力。这种教学方式跨越了原来的以培训师为中心的知识传授形式，变成以培养对象为中心，基于提升问题研讨能力的培养模式，这种模式更能够提升学习者解决问题的能力。

②以问题为驱动的行动学习

知名管理学家雷格·瑞文斯（Reg Revans）在 20 世纪 70 年代提出行动学习的概念，这个概念被沿用至今。它针对工作中的问题开展培训学习，将实践与学习结合起来。这样一来，工作中的一些问题便能够在学习中找到解决方案。这种以问题为驱动的行动学习，将大大提升学习者解决实际问题的能力。

③以群体为基础的合作学习

知名心理学家维果茨基（Lev Vygotsky）认为，人类的学习是在人与人之间的交往过程中进行的，是一种社会活动。这种观点强调的是学习首先是作为社会活动出现的，然后才是个体的思维活动。从这个角度看，学习的过程就是与人合作和交往的过程，是他人的想法与自己的想法碰撞的过程。

以群体为基础的合作学习的方式，可以极大地促进跨界知识的相互交融，让学习者可以通过与不同对象、不同知识的关联和交融，学习更丰富的知识，构建更立体、全面的知识体系。这种以群体为基础的合作学习，通常比较适用于企业内跨部门的协作，实现知识和技术能力的整合，提高学习者的综合知识和技术水平。

6.3.6　实现数字化人才管理

企业管理者可以通过构建企业的数字化平台，借助数字化技术在人力资源管理领域发挥的作用和趋势，建立与企业战略相匹配的数字化人才管理机制，实现数字化人才管理的作用和价值主要体现在以下 4 个方面。

（1）人才吸引与招聘

企业可以利用大数据技术对行业人才进行评估，了解行业的薪酬水平，然后可以根据这些信息制定人才招聘方案，精准地吸引和招聘企业所需要的人才。

（2）员工学习与发展

企业管理者可以通过人力资源管理的数字化助力员工的学习与发展，具体指可以结合员工的学习档案、行为数据等为人才的培养提供成长分析，并作为制定培养方案的依据。企业管理者还可以充分利用数字化平台，做好培训管理工作，将企业打造成学习型组织。

（3）绩效管理与激励

在绩效管理与激励方面，企业管理者可以通过人力资源管理的数字化建立科学、合理、持续的绩效管理流程，将企业战略目标转化为员工日常行动。这样就可以实现以数据为驱动的绩效管理，使整个绩效管理工作更加便捷、高效。同时还可以通过数字化实现员工激励，利用大数据技术了解并满足员工的激励需求，从而充分调动员工的主动性和积极性，最终达到提高员工绩效成绩和组织整体绩效成绩的目标。

（4）人力资源决策

企业管理者通过数字化建设实现以数据为基础（包括内部数据和外部数据）的人才管理应用，助力各级人力资源管理实现更加具有前瞻性的人才管理建议，帮助他们做出更加智能、准确的人才管理决策。

　　企业管理者还可以通过对人力资源数据的分析和洞察发现凭借经验无法触达的内容，以驱动人力资源管理的创新。同时，还可以通过人力资源管理的数据化监控组织运营，促进组织效能、人力资源运营效能、人力资本投入产出的提升。此外，还可以根据数据预测人才管理的风险和难题，制定应对措施，确保人才管理机制可以顺利实施。

6.4
系统化人才培养体系的模块化搭建

所谓的模块化搭建，就像建筑行业里采用的结构化的建筑方式，要预先制定好相关组件，然后按照设计的要求进行组合安装，形成一个完整的一体化结构。在建立人才培养体系时，我们也可以采用这种模块化的方式。在这个过程中，每一个模块表示整个培养系统中，一些独立但又可以和其他功能相连接的功能模块，企业可以根据其对人才培养的具体要求抽取相应的模块进行组合，搭建一个可以满足企业人才培养需要的培养体系。

6.4.1　需求模块：结合人才地图规划的人才培养需求

企业管理者可以基于企业内部知识供应链（企业内部大学）的业务流程并结合企业的人才地图，规划人才培养需求。

企业内部教育培养体系是我于 2019 年发布的研究成果，

和图 6-5 的企业大学体系基本一致，是基于某个企业组织的知识供应链体系构建的人才和知识管理体系。在整个供应链中，主要体现了企业对人才培养需求的来源，以及它在流程化过程中如何进行相关的需求流转。

它的核心是企业的业务需求系统产生的本源性需求，我们可以结合企业内部的人才管理体系和企业人才地图的相关数据进行检索和提炼，找出组织对人才需求的相应指标。然后，我们可以结合企业内外部的人才培养机制，实现企业的人才培养，达到企业需要的人才目标。

对于企业的知识供应链来说，外部的供应商和内部教育服务体系是作为企业人才培养的服务实施环节，它的需求以及它需要满足培养的指标性要求是源于这个组织在整个业务结构上对人才培养的需求。

此外，企业还需要结合人才地图规划人才培养需求。

人才地图是人力资源优化应用的基础项目，能够盘点企业人力资源现状，明确人力配置与岗位需求的差距，为制定人才培养目标提供评估依据。

通过上述企业内部知识供应链，结合企业的人才地图规划，就可以提炼出相应的人才培养需求，然后实施培养项目，就可以满足企业人才的需求目标。具体方法就是制定一个相应的企业人才年度规划，在规划过程中要结合企业年度的业务指标，匹配企业现有人才的能力现状和业务发展所需要的能力要求。在这个过程中，企业可以明确人才的能力差距，指导、设计和构建切实的培养项目以弥补这个差距。人才培养项目的实施过程就是解决人才能力差异的过程。

6.4.2　培养模块：构建符合组织需求的标准化培养课程体系

明确培养需求后，企业管理者就要为员工构建符合组织需求的标准化培养课程体系，以满足企业的人才需求，如图 6-8 所示。

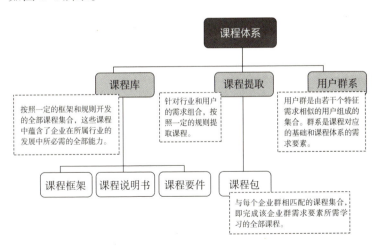

图 6-8　符合组织需求的标准化的培养课程体系

（1）课程库

课程库的主要内容

①课程框架

课程框架是培养项目过程中涉及的所有课程所包含的框架性内容，是基于组织要解决培养对象存在的问题来设计的，所以课程框架的内容主要是课程的类型以及要解决的问题等。简单地说，就是对所有培训课程进行概括说明。

②课程说明书

课程说明书是对课程的主要内容以及课程的内容大纲的概括说明。

③课程要件

课程要件主要是指课程材料包含的电子课件、教学教具以及辅导材料等。

（2）课程提取

课程提取是指建立课程包，即建立与每个企业群相匹配的课程集合，涵盖该企业群需求要素所需学习的全部课程。

（3）用户群系

用户群系主要是先把培养对象按照不同的需求类别进行

分类，然后构建符合不同需求的用户群系。构建了用户群系后，就可以在对培养目标进行分类，分阶层对课程对应的用户群系进行组合。因为在同一个群系里，培养对象应该具备类似的属性和需求。这样的属性和需求可以帮助我们在模块化的培养内容中去对应相应的课程要求以及课程结构，如图6-9所示。

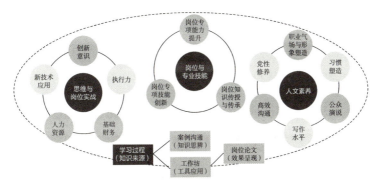

图6-9　培养模块结构构建（案例）

我们可以针对图6-9所示的结构，对应不同属性的用户群系，选择相应的课程组和课程包来完成相关知识和能力的传授。这种有针对的培训方式可以大大提升培训效果。

○

6.5
系统化人才培养体系的实施架构

　　企业系统化人才培养体系基于业务战略需要，培养符合自身战略的人才，为企业实现业务发展提供有力支撑。

6.5.1　根据业务战略的需求制订培训计划

　　常见的业务战略有 3 种，分别为成本领先战略、差异化战略和集中战略。如图 6-10 所示。

　　根据业务战略的需求制订培训计划，这是制订培训计划的第一步，也是较为关键的一步。只有对培训需求进行深入分析，才能找准企业的培训需求，然后制订并实施有针对性的培训计划来满足需求。企业的业务战略不同，对人才的需求也不同，因此企业需要根据业务战略的需求制订相应的培训计划。

　　无论是哪种业务战略，其包含的主要内容都大致相同。通常来说，培训计划主要包括培训具体内容、培训方式、培训

图 6-10　常见的业务战略

讲师、培训场地、培训时间等，但是有不同业务战略的企业的
具体培训内容不同。

（1）成本领先战略

　　成本领先战略的竞争优势是最低的产品总成本，要求企
业的人力资源有较强的成本控制意识和能力，能够严格把控产
品生产的每一个流程，从而实现最低总成本的目标。

对于实行成本领先战略的企业来说，设计培训内容时应

侧重以下 5 点

①员工的成本控制意识和能力。

②员工的团队协作能力和工作流程优化能力。

③主要采用现场培训和岗位培训两种培训形式。

④主要选用具有丰富行业生产经验的优秀员工来当内部讲师，也可以选用具有前瞻性眼光，了解创新性理论的外部讲师。

⑤培训时间应贯穿整个生产过程，培训地点主要在企业内部。

（2）差异化战略

差异化战略的竞争优势是产品的差异化，要求企业的人力资源具有敏锐的市场洞察力和独特的眼光，可以研发、设计、制造出差异化产品，满足用户的个性化、多元化需求。

对于实行差异化战略的企业来说，设计培训内容时应侧重以下 5 点

①员工的产品加工能力、设计能力、营销能力。

②员工对创新的研究能力和鉴别能力。

③培训地点以企业外部为主，如科研机构。

④培训师资以外部讲师为主。

⑤培训时间贯穿产品的整个生产过程，且应与差异化

产品的推进情况相结合。

（3）集中战略

集中战略的竞争优势是在特定的细分市场具有较低成本或差异化突出，要求企业的人力资源具有较强的成本控制能力或差异化能力，能够满足不同细分市场的目标客户的个性化、多元化需求。对于实行集中战略的企业来说，在培训内容、方式、师资、地点、时间等的选择上可以根据特定细分市场上的具体战略（成本领先战略或差异化战略），选择相应的内容，或者将两者结合。

只有根据不同的业务战略需求制订培训计划，才能有针对性地帮助员工提升能力。所以，企业管理者在制订培训计划之前，必须明确企业的业务战略，并对业务战略进行培训需求分析。

最后要注意的是，制订培训计划后还应对培训计划进行检验，以确定培训计划是否能满足业务战略需求。如果存在不足之处，企业管理者应在培训计划实施之前采取一定的策略和措施对计划进行优化和调整，或者在计划实施过程中根据实际情况不断优化、调整。

6.5.2　结合业务战略的进程实施培训计划

业务战略的进程实施培训计划主要分为三个阶段：业务战略拟定阶段、业务战略实施准备阶段、业务战略实施阶段。不同阶段，培训工作侧重点不同。

（1）业务战略拟定阶段

业务战略拟定阶段的重点工作是拟定业务战略，同时要基于业务战略拟订相应的培训计划。企业在拟定业务战略时必须重点考虑的因素是组织人力资源的状况，因为如果没有足够的、优秀的人才作为支撑和保障，再好的业务战略也只是纸上谈兵。如果企业对自身的人力资源状况的了解不是很深，那么就不能贸然拟定业务战略。这种情况下拟定业务战略只会增加企业实施战略的成本，导致企业陷入困境甚至被淘汰出局。

业务战略的拟定过程，实际上也是对人力资源的现有存量和将来的增量（主要通过培训来实现）的全面思考过程。基于业务战略的培训计划基本上与业务战略同步拟定。业务战略一旦确定下来，培训计划也就大致确定了。没有一个合理的培训计划（至少包括培训思路和框架），制定出来的业务战略的可靠性和可行性就难以完全保证，这对企业发展存在一定的危害。

业务战略的拟定过程，实际上是对企业的人力资源进行深入了解的过程，也是对企业人力资源的现状以及将来所需人力资源进行全面思考的过程。所以，企业必须基于业务战略同步拟订相应的培训计划。有了科学、合理的培训计划，业务战略的实施才能得以保障，企业才有望实现业务战略，促进企业发展。

（2）业务战略实施准备阶段

业务战略实施准备阶段是培训计划的初步实施阶段，不同的战略其战略实施准备阶段的内容不同。

对于实行成本领先战略的企业来说，其在业务战略实施准备阶段的重点工作是制定高效率、低成本的运营制度和监督体系。具体来说，企业应通过培训让员工全面认识企业战略的内涵、相关规章制度、业务战略实施的意义等。同时，还要培养并强化员工的成本控制意识和团队意识，提高员工的专业技能，以满足企业制造低成本产品所需要的专业技能要求。

对于实行差异化战略的企业来说，其在业务战略实施准备阶段的重点工作是通过培训提升员工的基础研究能力、产品加工能力、产品营销能力等。这样做是为了满足企业研发、制造、营销不同于竞争对手且具有差异化价值产品的需要，提升企业的核心竞争力。

对于实行集中战略的企业来说，其在业务战略实施准备阶段的重点工作是根据企业在特定细分市场采取的不同战略，如成本领先战略或差异化战略，制订相应的培训计划，储备企业需要的人力资源。

所以，在战略准备实施阶段，企业管理者应视企业的具体战略而采取相应的行动。

（3）业务战略实施阶段

业务战略实施阶段是培训计划的全面实施阶段和改进阶段。在业务战略实施阶段，企业的重点工作是按照之前制订的培训计划对员工展开有序的培训，以满足业务战略实施所需的人力资源需求。同时，还要根据战略实施的具体情况不断优化、改进培训计划，使人力资源状况能适应业务战略的变化。

不同业务战略在实施阶段所采取的具体实施方案不同。

对于实行成本领先战略的企业来说，在业务战略实施阶段应重点关注的事情是，竞争对手是否会通过模仿和改进，使其产品成本逼近甚至低于本企业产品的总成本。最坏的情况是，竞争对手研发了新的生产技术，大大降低了生产的总成本，导致本企业低成本优势彻底丧失。为此，实行成本领先战略的企业要通过培训持续提高员工的专业技能，同时还要提升员工降低产品生产总成本的积极性和主动性，最大化降低产品生产的总成本，使低成本始终是企业的核心竞争力。

对于实行差异化战略的企业来说，在业务战略实施阶段应重点关注的事情是竞争对手是否会通过模仿生产出与本企业产品相似，甚至更受市场欢迎的产品，使企业的差异化优势丧失。如何避免出现这种问题？因为在企业的经营中，各要素都很容易被竞争对手模仿，但是有一个要素是很难模仿的，那就是人才。所以，企业为了避免以上问题，就要通过培训不断提高员工的基础研究能力、产品加工能力、生产营销能力、创新能力等。这样做是为了不断提升、强化员工在产品生产和营销方面的独特能力，提高差异化的壁垒，防止被竞争对手轻易模仿、超越。

对于实行集中战略的企业来说，最大的威胁是在选定的细分市场里，竞争对手的产品成本控制能力逼近或超越自己（对成本领先战略而言），或者本企业的差异化产品被竞争对手模仿甚至赶超（对差异化战略而言），从而失去细分市场的竞争优势。因此，企业要通过培训，不断提高员工的工艺加工能力和优化改进能力以降低产品总成本，保持成本领先优势；或不断提高员工创新能力和生产服务的独特能力，保持差异化优势。

不同业务战略在不同的阶段所侧重的内容不同，所以企业管理者在实施培训计划时，不仅要明确企业的业务战略，还应当明确业务战略处于进程中的哪一个阶段，这样才能开展有针对性的培训计划，才能大幅度提升人才培训的效果。

6.5.3 利用业务战略的实绩评价培训效果

实践是检验真理的唯一标准。培训是否取得了理想的效果，最终要用企业取得的业绩和业务战略的结果来检验和评估。如果企业投入了大量的时间和精力举办培训活动，但是对企业的发展和业务战略的实施却并没有任何帮助，那么就说明企业在培训上的投入和产出不成正比，培训效果不理想。在这种情况下，企业自然不愿意在培训上花费太多的时间和精力。因此，企业必须建立基于业务战略的培训体系，使培训服务于业务战略，推动业务战略的实现。换句话说，培训结束后企业要利用业务战略的实施情况对培训效果进行检验、评估，确保培训可以服务于企业的业务战略。

下面从成本领先战略、差异化战略和集中战略 3 个层面，展开介绍不同业务战略的实绩评价标准。

（1）成本领先战略

采用成本领先战略的企业，比较担心的事情是花费了大量的时间和精力对员工进行培训，结果员工所掌握的专业技能却始终达不到实施成本领先战略需要的基本标准，更不用说员工控制成本的能力了。这样一来，企业很容易失去低成本优势。面对这种情况，企业如果没有更好的解决办法，那么只能宣告成本领先战略失败，随即陷入困境或被市场直接淘汰。

对于实行成本领先战略的企业来说，评价培训效果的标准是企业产品和服务的低成本优势，如果企业产品和服务的低成本优势十分明显且可持续，说明培训效果非常理想。反之，培训效果则不佳，这时就需要根据业务战略对培训进行优化、调整培训内容和计划。

（2）差异化战略

对于实行差异化战略的企业来说，比较担心的事情是花费了大量的时间和精力培训员工，但是员工仍然无法研发出实施差异化战略所需的差异化产品，或者能够研发出差异化产品但是却无法生产出来，又或者能够生产出差异化产品但是却销售不出去，或者销售量达不到预期的效果。总结来说，如果培训效果不佳，员工生产产品和提供服务的独特能力就无法得到提升，员工的创造力和创新力也无法得到提升，最终企业的差异化优势就会被竞争对手轻易模仿和超越，企业也会陷入不良竞争中，使其发展陷入困境。

对于实行差异化战略的企业来说，评价培训效果的标准是企业产品和服务的差异化优势是否明显或可持续，是否由于人力资源方面的问题阻碍了业务战略的实施或对业务战略产生了负面影响。如果企业产品和服务的差异化优势非常明显且可持续，且不存在人力资源方面的问题，也没有阻碍业务战略的实施或影响战略的实效，那么培训效果就是理想的。反之，培训效果则不佳，这时就需要根据业务战略对培训进行优化、调整培训内容和计划。

（3）集中战略

对于实行集中战略的企业来说，其困扰是花费了大量的时间和精力培训员工，结果仍然无法在特定的细分领域通过成本领先战略或差异化战略在市场中占有一席地位，无法吸引和留住目标客户。这主要是因为培训效果不理想，导致员工的成本控制能力或独特的产品和服务能力无法得到提升，被特定细分市场的竞争对手超越。这样一来，企业就会丧失在特定细分市场的优势，从而会被迫转向其他细分市场或加入全面市场竞争。

对于实行集中战略的企业来说，评价培训效果的标准是企业特定细分市场中的目标客户对企业和企业产品的忠诚度，以及是否由于人力资源方面的问题阻碍了业务战略的实施或对业务战略产生了负面影响。如果企业特定细分市场中的目标客户将企业作为产品和服务的首选供应商，且不存在人力资源方面的问题，也没有阻碍业务战略的实施或影响战略的实效，那么培训效果就是理想的。反之，培训效果则不佳，这时就需要根据业务战略对培训进行优化，调整培训内容和计划。

不同的企业战略的培训需求不同，因此培训评价标准也不同。企业只有依据企业战略制定合适的实绩评价标准，才能提升培训效果，助力企业战略实现。

6.5.4　基于多元目标架构下的实施

实施人才培养体系都需要通过培训和岗位实践来完成，从而实现培养目标。其中很重要的一点就是在培养体系中企业应如何实现企业的培训行为。通常，人才培养体系的实施过程可分为 5 个阶段，如图 6-11 所示。

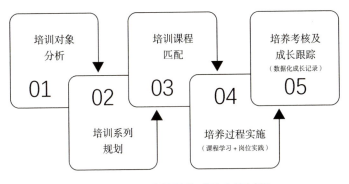

图 6-11　人才培养体系的实施过程

（1）培训对象分析

在对员工进行培训之前，企业管理者必须了解员工的培训需求。为此，企业管理者需要掌握培训对象的基本信息，并对这些信息进行分析。

培训对象分析的内容

①培训需求的层次分析

培训需求的层次主要包含3个层次：组织层次分析，即从组织战略、资源、目标等角度考虑员工有哪些培训需求；职务层次分析，即从员工所在的岗位特征、要求分析员工有哪些培训需求；员工个人层次分析，即从员工的个人职业规划角度考虑员工有哪些培训需求。

②培训需求的阶段分析

培训需求主要分为当前需求和未来需求。企业管理者既要明确在当前阶段员工有哪些培训需求，也要明确在未来阶段员工有哪些培训需求。

对培训对象进行分析时，企业管理者须通过各种方式，如访谈、人才测评等，对培训对象进行深入了解。了解得越深入，分析的数据就越准确，越利于为员工提供有针对性的培训

课程。

（2）培训系列规划

培训系列规划是指按照整个人才发展规划及企业的人才培养规划，设立相应的月度阶段培训计划或年度阶段培训计划。阶段培训规划应结合企业的实际情况和员工的现状按照周、月进行规划，也可以按照季度和年进行规划。

（3）培训课程匹配

培训课程匹配是指结合被培养者的岗位情况及岗位知识要求，匹配最佳培训课程。这就要求企业管理者充分了解被培养者的岗位情况和岗位知识要求。

（4）培养过程实施（课程学习＋岗位实践）

在人才培养过程中，企业管理者要密切关注、记录被培养者在培训学习期间的表现，及时监控讲师与员工的配合度，为第三方人员评价提供可参照的依据。同时企业管理者还应密切关注被培养者回到工作岗位后，能否把所学知识与岗位实践结合，并对其行为要素进行数据化分析、整理和记录。

（5）培养考核及成长跟踪（数据化成长记录）

在对被培养者的整个培养过程中，特别是每个阶段的培训，企业管理者都要进行培训考核。培训结束后，员工要结合工作岗位的具体实践情况提交工作论文，企业管理者还应对培训后的员工按季度、半年及一年进行成长跟踪，即对员工进行数据化成长记录。

　　企业要想把握新时代的方向，抓住更多的机遇，增强自己的竞争实力，就必须积极探索和构建与企业战略目标相匹配的人才战略与人才培养规划策略，构建系统化的人才培养体系，帮助人才不断成长、进阶，激活人才，发挥人才价值。只有当人才的能力被激发时，人才的价值才能得以发挥，才能推动企业不断向前发展。

附录

案例一
某企业人才发展计划——干部系统培养规划方案

一、前言

企业的高速发展在很大程度上离不开对人才（管理人才和技术人才）的培养。在当今社会，企业与企业的竞争日益激烈，并已逐渐演变为人才之间的竞争，人才是企业的核心资源，是企业发展的推动力。企业拥有了优秀的人才，就等于拥有了强大的核心竞争力，就能够保障企业在市场中站稳位置。

二、项目背景

××有限公司（以下称"××公司"）启动"管理干部培养计划"的项目论证和项目需求调研工作。根据公司相关领导的指示，依据国内大型国有企业的人才（特别是管理人才）培养模式，借鉴相关行业主要公司的先进经验，咨询了近十年来在大型国有企业人才培养服务工作中有着丰富经验的相关培训机构，对资源整合后的××公司的基础现状进行了初步分析。基于国有企业在新经济模式下的发展趋势和要求，××有限公司分析了企业管理队伍（包括核心骨干员工群体）未来的岗位需求和人才需求，在此基础上为××公司的培养对象设计了如下培养方案，内容包括人才系统化培养的构架、三年培养规划方案、阶段实施细则方案。

三、项目目标设计及架构思路

××有限公司经过与电子科大科园管理咨询与数据应用中心的多次沟通，结合初步调研结果做出从管理理论基础和实操两方面进行系统化的人才培养规划。本规划符合××公司在资源整合后的整体干部培养目标。

为此，××公司设计了未来三年的人才培养规划，分不同的层级和维度对××公司的干部队伍进行体系化打造。

1. 总体培养规划原则

按照企业人力资源管理的基本要求，××公司提出制订企业人才规划的基本原则：上接企业人才战略、下接工作能力绩效。

（1）培养工作围绕公司发展战略进行

认真解读公司的战略发展目标，将人才培养规划与公司战略进行有机结合，以促进公司战略的实现，满足公司的发展需要。

（2）培养方案要满足人才梯队建设目标

人力资源部门的培养方案（体系）要紧贴公司的人才梯

队建设的要求，培训项目要针对岗位要求及工作岗位管理的能力要求设计。

（3）培养要有持续性和成长性

要对人才培养过程进行系统性规划，确保人力资源的不断提升。同时，应结合实际，有方向地设计培训对象的成长路线，促进培训对象的可持续成长。

（4）培养内容要结合岗位能力和绩效提升

具体的培养内容应与被培养对象的培养目标岗位（职务）能力要求相结合，培养结果要有评价标准。

（5）能够解决人才梯队断层及岗位人才能力短板问题

①能够有效拓宽干部队伍的思维视野，提升知识面。

②能够持续提升人才队伍的岗位胜任能力。

③将个人技能变成企业共享财富（内部知识管理）。

④建立组织的人才（后备干部）库，并绘制人才地图。

2.总体培养规划目标

（1）通过三年左右的分阶段学习培养和工作辅导，将××公司现有的管理干部队伍和拟选出的后备管理干部人员培养成具备较强前瞻性战略眼光，具有相关管理理论基础，能够高效掌握工作管理方法、熟练运用管理工具，适应社会形势变化，符合××公司未来发展趋势需要，具备领导力和全局运营管控能力的专项或全面经营管理人才和业务技术人才（图附 –1）。

（2）结合干部群体的培养过程，将适合 ×× 公司管理人员的培训课程推广至全体管理人员和各级业务体系，实时提升 ×× 公司的总体运营管理水平，有效强化和提升 ×× 公司总体人员的素质（图附 –2）。

（3）构建符合 ×× 公司企业文化特色和发展需求的人力资源管理人才模式，建立系统化的岗位人才素质模型，绘制完整的 ×× 公司人才地图并建立对应的人才培养路径。

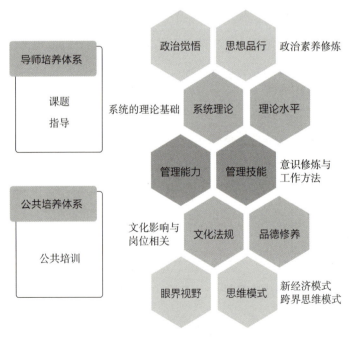

图附 –1　总体培养体系规划

干部培养体系的构建

强化执行与提升管理能力

培养有担当意识，有执行魄力，有运营能力，有管理水平的中坚力量。培养有领先意识，有敏锐视角，有创新能力并能将企业战略转化成工作目标的优秀管理人才。

- 强有力的执行力是企业发展的动力保障，执行力不是简单机械地执行就行。
- 创新思维与职业担当。
- 管理服务意识与技巧。

人才素养修炼

培养良好的职业形象、修炼良好的个人魅力。

- 有信仰才有灵魂。
- 有文化才有活力。
- 有魅力才有动力。

岗位业务能力对标与提升

培养工作效率高、业务精、专、强的核心人才，能将工作经验转化成可传承运用的共享资源并给企业带来直接的效益。

- 岗位技术是企业发展的保障。
- 专业能力造就专业高度。
- 知识传递是经营企业要有的意识与责任。

培养目标

图附-2 干部培养体系

（4）在管理人才队伍培养建设中，应关注每一个培养对象的特质，结合特点培养的同时要强调全面发展，补齐短板，让培养对象具备"全天候"的工作能力。

3. 培养体系分为两大体系、五大模块（图附–3）

人力资源工作应该围绕企业的战略目标进行，因此，干部职工的能力提升培训都应以"管理提效率，降本增效益"为主题。

4. 项目的实施路径

对 ×× 公司干部（管理人员）的培养按照以上模块化的螺旋进阶学习方式形成知识体系，有层次、分步骤地组织实施进阶晋级考核，实施过程中需注重系统性和全面性。

以系统化研修学习的主体培养与导师制培养模式为核心，贯穿主体受训学员的培养全过程，以分阶段的课程教学辅以导师引导自学（多维度课程学习）、过程解答推进、线上案例分析交流、行动学习工作坊、学习心得、工作论文撰写等多元化的教学手段将学员的学习过程有机串联起来。

按阶梯上升方式规划和使用培养对象，让其成长路径呈螺旋状上升，适当采用吐故纳新的机制带动员工的竞争成长意识。

根据 ×× 公司的工作发展规划对员工的要求，再结合对培训学员的课程要求，构建 3 年共 3 个主题，形成持续进阶的培养模式（类似学历教育里的学位进阶培养）。每个主题分

创新模块	《创新思维与企业发展》		领导力模块	《4D——领导力》
	《创新营销》			《卓越领导力的八项修炼》
	《创新思维与创维导图》			《中层管理技能提升 MTP》
	《创新技法与实战运用》			《情境领导者》
	《创新管理的领导方式——引爆点领导法》			《高效会议管理》
	《创新思维与管理创新》			

党建模块	《党风廉政建设——廉洁从业》		财务模块	《战略财务规划与管理》
	《系列讲话——新理念、新战略、新思想》			《财务创造价值》
	《共产主义信仰》			《全面预算管理》
	《解读新党章》			《财务报表分析》
	《新常态下宏观经济形势分析》			《企业内部控制和风险管理》
	红色之旅			

移动互联网与大数据模块	《新媒体应用与营销》
	《大数据与企业管理》
	《"互联网 +"与互联网发展趋势》
	《企业互联网化与电商化》

综合素养模块	《职场人士阳光心态》		人力资源模块	《组织发展与人才经营》
	《优秀员工的十项修炼》			《非人力资源的人力资源管理》
	《压力与情绪管理》			《心理学与现代企业管理》
	《职业化形象塑造》			《公司治理与集团化管控》
	《禅与现代人的幸福生活》			《如何制定科学的薪酬体系》
	《教练与辅导》			《企业人力资源规划》
	《书面沟通与公文写作》			《企业培训管理体系的构建及培训管理实施》

图附 -3　模块构建示例

---

① MTP 是现代管理理论的基础，原义为管理培训计划，是 20 世纪 50 年代美国为有效提高企业管理水平而研究开发的一套培训体系。

3～5 个阶段（集中学习＋小组业余研修），其中集中学习阶段的部分公开课面向全公司的管理人员，在培养干部的同时也能提升全公司管理队伍的相关工作能力及职业意识。

在研修模块部分，针对不同的岗位学员制定不同的学习进度要求和侧重点，项目导师根据每一个学员的学习要求完成相应的指导工作。

在培养项目中配备教务管理人员（考虑引入第三方专业培训机构）协助导师对学员的学习过程进行监督，同时及时收集学员学习过程的数据记录到培训数据管理系统中（可借助第三方服务平台），在学习培养阶段结束后能够提供完整的学员数据分析报告。

5. 规划的实施阶段

在培养项目整体框架方案的思路及总体培养体系架构得到 ×× 公司领导同意的基础上，结合 ×× 公司的实际情况，将总体培养方案分成 3 个阶段实施。在不同的阶段完成相应的人才能力培养目标，并进行项目评估考核，以此对培养对象的学习及项目导师的指导质量予以过程管控，便于 ×× 公司在培养过程中及时发现问题并解决。

每一阶段以 1～2 个学习辅导主题＋两次公开课的形式开展，从培养对象的系统知识架构入手，逐步提升和完善培养对象的系统化知识结构。对不同的培养对象采用不同的个性化学习指导计划，充分调动培养对象的学习和融会能力，辅导其建立适合自己的提升完善形式。

按照总体项目培养架构，3 个不同阶段的学习辅导目标分别以基础理论体系建设及管理思维培养、管理技术与工具的合理应用、个性化的卓越领导力及全面管理能力提升为核心目标。

每阶段都有其核心培养主题和对应的研修课题，同时每一阶段的知识又能相互连接，使培养项目既能在每一阶段独立成章，又能在总体培养目标上相互关联融合。

6. 培养项目的实施手段

（1）系统知识课程学习模块

系统学习主要以阶段性的课堂教学和岗位管理能力辅导研修为主，在 3 年规划中，每年完成 1 ~ 2 个主题的系统化课程。在分阶段集中学习（例如每个月集中学习 4 天）时，每次完成一个系统单元（如领导力提高训练、管理意识特训），每年完成一个学习系统的学习，3 年完成全部管理体系的学习。

（2）导师制工作模块

导师的工作形式在本项目中以"引导学习（理论学习）、工作坊、案例分析、课题工作论文"的形式呈现。

在系统知识学习的后期（每年滞后课堂学习两期后启动）

以导师辅导为主，辅助集中培训的学习形式，为学员进行理论知识的实际应用指导。

（3）各模块实施方法

①引导学习模块。导师根据每期学习班学员的专业背景、发展方向、个人性格，结合培养要求，分组制定相应的课程学习规划，以及制作学习资料和设定学员需要解析的问题（包括案例、学员遇到的实际工作问题等），再结合学员提出的问题和学习进度予以解答和指导。

②工作坊模块。按照计划集中每个课题，导师对课程主题进行解析（包括专业知识、实践技能等内容）；学员结合课程主题进行学习、讨论，提出问题并找出解决问题的方法；学员按照主题要求进行个人改进后的效果呈现；导师对学员的呈现进行点评，指出改进意见；学员和导师共同商讨提出螺旋式提升目标作为未来工作坊主题的参考选题。

③案例分析式学习。导师基于模块化的知识学习，给学员课题案例（每个学员的案例不同），让学员根据学习的主题内容展开案例分析，并提交分析报告。之后，导师再结合课题内容对学员的分析报告给予指导和帮助。

④课题工作论文。学员完成课题学习后，根据所在业务岗位和未来工作想要提升的目标自选主题（要符合所完成学习

的课题内容）撰写工作论文。工作论文要切合实际工作环境和现状，有理论依据，有问题分析，有解决方案。

（4）指导步骤说明

①读书——系统化的理论知识学习

指导目标：学员通过学习相关学科的理论知识，整合自己掌握的碎片化知识。然后在导师的指导下，通过书本学习并掌握主题学科的相关理论知识，建立系统化的知识架构，为全面构建自有知识体系架构夯实理论基础。

学习指导方法及步骤：由导师推荐自学书籍，在对应的学习阶段精准阅读，并按照导师要求对书中相关知识点进行解析（知识溶解报告）。然后在读书解析会上发表各自的读书感悟并进行讨论。

每位学员要根据导师要求的学习进度制订自己的读书计划，并撰写读书笔记（感悟），通过向导师提交读书笔记（电子档）或在微信群中参与讨论来与大家一同分享自己的读书体会。

考核方式：导师与助教按辅导计划定期或不定期收集、统计学员的读书笔记，导师根据提交的文件质量与微信群中发言次数等给学员在读书环节评分。

②案例沟通——系统化的理论思辨

指导目标：学员在读书环节中，要有针对性地将导师设计的案例带入阅读过程中，结合学习主题对案例进行解析并给出书面的解决方案，从而在系统学习理论知识的同时做到与导师的辅导主题相契合，为工作坊的知识落地做好储备。

指导步骤：第一，召开案例分析交流会，导师在会上为学员提供不同的具体项目（工作）案例。第二，学员根据案例所需的知识点，结合导师教授的拆书法则，从推荐的书籍中汲取相关知识要点并做好记录，后期汇总形成正式的书面案例分析报告。第三，学员在拆书阅读，撰写案例解析期间，应多次与导师进行沟通。沟通形式不限于电子邮件、电话、短信、即时通信（微信、QQ 等包含视频形式的交流），具体交流时间与方式由学员与导师确定。导师每次完成交流后需做好相关记录，其中需要包括学员姓名、交流形式、交流起止时间。第四，助教要密切关注导师与学员的完成进度，以及执行情况，统筹安排各环节的后续辅导工作。

考核方式：根据案例分析报告进度和质量（初稿、修改稿、终稿）进行综合考评。

③工作坊——工具应用，知行合一

指导目标：导师通过讲授管理工具应用，将学员的案例分析报告转化为实际工作中能操作的具体措施，让学员做到知行合一。

指导步骤：第一，召开工作坊案例研讨会。导师根据不同的案例分别讲授不同管理工具的使用方法，指导学员完成各自案例解析报告的落地转化与案例解析报告的修正工作。第二，经过第一轮工作坊辅导后，学员需要修正之前案例解析报告中不成熟、不完整的部分，导师要与学员进行沟通与答疑。第三，学员再次阅读导师推荐的相关书籍。在这个过程中助教会与学员密切沟通，关注每位学员的修改进度，待所有学员完成案例解析报告修正后再与导师接洽后续工作坊的开展。

考核方式：结合学员在案例研讨会中的表现，从考勤情况、发言积极性、内容切合度、线上（微信群等）互动次数等多方面进行综合考评。

④工作论文——知行合一的成果展现

指导目标：通过撰写工作论文，让学员将所获得的管理理论知识、案例解析能力、管理工具的使用方法充分落地到各自的岗位中。

指导步骤：第一，召开工作论文指导会，学员在导师的引导下结合工作岗位提出困难点与问题，并确立工作论文论题。第二，学员通过参考导师推荐的书籍、自己撰写的案例分析报告、工作坊讲授的管理工具使用方法来完成工作论文的撰写。最后将各自的工作困难点与问题转化为完整、成熟的解决方案。第三，在该环节中，学员应按照不同阶段主题与导师进行多次沟通（原则上每个学习主题不少于5次），具体沟通时间与方式由导师与学员自行商定。

考核方式：结合学习阶段主题的工作论文应不低于3000字，助教汇总所有学员的工作论文终稿后提交导师评阅。

四、课程主题及各模块管控要素设计（示例）

依据××公司培养项目的目标要求和培养对象调研结果分析，我们结合总体培养架构设计将项目主题分为"7+5"模式，即7个面向培养对象的研修课题和5个面向全公司管理员工的公开培训课。

1.面向培养对象的研修课题（见表附-1~表附-7）

表附-1　研修课题　主题一

主题一	思维与视野拓展			
学习目标	了解互联网技术背景下的社会演变，通过不同的视角深入了解不同背景的人和事，培养跨界思维能力及多维度分析解决问题的能力			
形式	理论学习（读书）	工作坊	案例沟通	课题工作论文
学习内容	《必然》《从0到1》	案例研讨	/	读书心得

续表

主题一	思维与视野拓展			
考核方式	读书笔记拆书解析问题分析	讨论发言的积极性以及观点的切合度	/	对自我思维模式的思考（不低于2000字）
学员数据	导师评价打分	导师打分	沟通内容	导师阅评
学习时长	2个月跨度	1次	沟通次数	/
考核分值	10	5	/	5
	20			
导师课时	6	4	不限	/
	10			

表附-2　研修课题　主题二

主题二	管理系统理论与务实技巧			
学习目标	学习建立系统的管理思维体系，能够熟练运用管理学理论分析和解决工作难点问题，学习有效领导及管控的方法，建立符合个人特色的有效管理体系			
形式	理论学习（读书）	工作坊	案例沟通	课题工作论文
学习内容	《管理学概论》（待定）（待定）	案例研讨	解析导师指定的案例	结合工作岗位提出问题并给出解决方案

续表

主题二	管理系统理论与务实技巧			
考核方式	读书笔记拆书解析问题分析	讨论发言的积极性以及观点的切合度	书面解决方案	工作论述文（不低于3000字）
学员数据	导师评价打分	导师评价打分	导师评价打分	导师阅评
学习时长	2个月跨度	2次	5个案例	/
考核分值	20	20	50	10
	100			
导师课时	6	9	3	1
	19			

表附 -3 研修课题 主题三

主题三	人力资源管理——领导力与团队建设			
学习目标	培养有个人魅力的领导力，掌握优秀团队的建设方法及管理授权等实战技术			
形式	理论学习（读书）	工作坊	案例沟通	课题工作论文
学习内容	《4D领导力》《卓越团队修炼》	案例研讨	对导师指定案例进行解析	个人领导力阶段性评估
考核方式	读书笔记拆书解析问题分析	讨论发言的积极性以及观点的切合度	分析报告	/

续表

主题三	人力资源管理——领导力与团队建设			
学员数据	导师评价打分	导师打分	导师评价	个人评估分
学习时长	2个月	1次	3个案例	/
考核分值	20	10	30	10
	70			
导师课时	6	3	/	3
	12			

表附-4 研修课题 主题四

主题四	管理工具应用与管理技巧			
学习目标	培养个人管理技巧，了解管理中各种影响因素和有效解决问题的路径，掌握各种管理工具的具体应用方法			
形式	理论学习（读书）	工作坊	案例沟通	阶段工作论文
学习内容	（待定）（待定）	案例研讨	对导师指定案例进行解析	/
考核方式	读书笔记拆书解析问题分析	讨论发言的积极性以及观点的切合度	分析报告	管理工具的应用报告团队建设工作规划报告
学员数据	导师评价打分	导师打分	导师评价	导师阅评

续表

主题四	管理工具应用与管理技巧			
学习时长	2个月	1次	3个案例	/
考核分值	20	10	30	10
	70			
导师课时	3	3	2	0.5
	8.5 课时			

表附-5 研修课题 主题五

主题五	项目管理、绩效管理与非财务人员的财务管理			
学习目标	培养个人和团队的有效执行力，了解执行力的影响因素和有效提升的路径，掌握优秀团队执行力的具体提升方法			
形式	理论学习（读书）	工作坊	案例沟通	阶段工作论文
学习内容	（待定）（待定）（待定）（待定）	案例研讨工作难点解决	对导师指定案例进行解析	关于项目与绩效的管理概论分析 成本控制分析论述文章
考核方式	读书笔记拆书解析问题分析	讨论发言的积极性以及观点的切合度	分析报告	/

续表

主题五	项目管理、绩效管理与非财务人员的财务管理			
学员数据	导师评价打分	导师打分	导师评价	导师阅评
学习时长	2个月	3次	3个案例	/
考核分值	40	30	30	20
	120			
导师课时	40	30	30	20
	120			

表附 -6　研修课题　主题六

主题六	个人素养修炼			
学习目标	培养个人和团队的有效执行力，了解执行力的影响因素和有效提升的路径，掌握个人和优秀团队执行力提升的具体方法			
形式	理论学习（读书）	工作坊	案例沟通	阶段工作论文
学习内容	《爱的五种语言》（待定）（待定）	案例研讨	对导师指定案例进行解析	生活心得人际关系分析论述文章
考核方式	读书笔记拆书解析问题分析	讨论发言的积极性以及观点的切合度	分析报告	/

续表

主题六	个人素养修炼			
学员数据	导师评价 导师打分	导师打分	导师评价	/
学习时长	2个月	1次	3个案例	
考核分值	20	10	30	20
	80			
导师课时	12	3	/	/
	15			

表附-7 研修课题 主题七

主题七	企业文化与法规			
学习目标	了解企业文化的相关知识，掌握相关政策法规			
形式	理论学习 （读书）	工作坊	案例沟通	阶段工作论文
学习内容	（待定） （待定） （待定）	研讨	对导师指定案例进行解析	企业文化分析论述文章
考核方式	读书笔记 拆书解析 问题分析	讨论发言的积极性以及观点的切合度	分析报告	/
学员数据	导师评价 导师打分	导师打分	导师评价	
学习时长	1个月	1次	2个案例	/

续表

主题七	企业文化与法规			
考核分值	20	10	10	20
	60			
导师课时	12	/	6	/
	18			

2. 面向全公司管理人员的公共课程（见表附 -8）

表附 -8　公共课程

轮次	课程目标	形式	学习课程	人员	课时
1	思维及视野拓展	课堂	《跨界思维与结果导向思维》《三国文化与国学智慧》《大数据与智能制造》	不限	6
2	人力资源管理	课堂	《互联网时代的人力资源战略与管理》《绩效管理与考核指标萃取》《企业人才地图绘制与应用》	不限	6
3	个人素养修炼	实战模拟	《高级商务与社交礼仪》	60	6
4	企业全面运营	沙盘	《企业运营沙盘推演》	60	6
5	执行力	项目体验	《PDCA——有效执行力提升》	不限	6
课时合计					30

项目总课时量：100 课时，其中导师课程 70 课时，公共课程 30 课时。

3. 学习考核

（1）出勤考核（15%）

对参加工作坊研修班的学员实行考勤制度，如无法正常上课，需履行请假手续（向相关主管领导请假），同时向班主任报备。

（2）平时作业（15%）

导师根据平时课程内容布置课堂作业，课堂作业需根据课程内容（专业课）并结合学员实际工作情况（项目）安排。导师对学员的完成情况进行审阅、批改。

（3）导师评分（70%）

学习结束后由导师组结合辅导主题对每位学员进行评分，评分依据由导师根据辅导过程中学员的参与配合度、提问质量、解决工作问题的能力来确定。

建议成绩在 80 分以下为不合格，具体惩罚措施由公司领导与人力资源部门确定。

五、阶段实施方案（示例）

（1）第一阶段实施主题

①培养对象研修主题

主题名称:《管理系统理论与实务技巧》（见表附 -2）

学习目标：通过系统地学习管理学理论知识，整合碎片管理学知识，掌握管理学科的相关理论，形成系统化的管理思维方式，建立能够结合自身特点以及工作岗位（专业领域）要求的管理知识架构，奠定相关的管理理论基础，为后续突破工作困难点夯实理论基础。

学习时长：2个月跨度。

学习要点：构建系统的管理知识体系。

管理的基本概念、特征与作用。

中西方管理思想的比较（学习笔记）。

管理的基本原理及实践应用。

管理的计划与决策理论（案例一）。

组织结构设计方法论。

人力资源管理理论体系与实践（案例二）。

组织文化与组织结构变革（案例三）。

激励策略思考（读书笔记）。

组织内部沟通机制的建立（案例四）。

有效组织控制技术和方法（案例五）。

辅导次数：工作坊面授3次（根据学员反馈的问题，设计最切合培养目标的主题），案例解析（每人线上交流不低于5次）、其他线下交流方式和次数由导师与学员商议。

学员结果呈现：读书笔记 2 篇、案例分析报告 5 篇、岗位应用论文 1 篇。

导师配置：导师 1 人，助教 1 人，教务管理（学员数据）1 人。

总课时：19 课时。

②公开课主题

《跨界思维与结果导向思维》（3 课时）

《三国文化与国学智慧》（3 课时）

③公开课培训目标

第一，打开学员的思维，通过不同的案例分析和项目测试让学员理解思维模式对行为的影响及对结果的导向；引导学员学习多维度思考和分析问题的方法，了解社会背景的演变以及在互联网技术发展中社会背景对生活和工作的影响。帮助学员改进处理问题的方式，建立以结果为导向的多维思维模式。

第二，通过对家喻户晓的三国故事（历史）中精彩片段的解析，结合历史事件所反映的管理思维，学习现代管理学中的思维要点，开拓学员的管理视角。

（2）第二阶段实施主题

①面向培养对象的主题

《人力资源管理——领导力与团队建设》

《项目管理、绩效管理与非财务人员的财务管理》

②公开课主题

《互联网时代的人力资源战略与管理》

《PDCA——有效执行力提升》

（3）第三阶段实施主题

①面向培养对象的主题

《管理工具应用与管理技巧》

《个人素养修炼》

②公开课主题

《企业运营沙盘推演》

《高级商务与社交礼仪》

六、项目成本预算

与相关专业培训机构的反复沟通、论证基于合作培训课程的实施细则，其中，项目成本核算项、项目费用金额的相关情况如下。

1.项目成本核算项（见表附-9）

基于本项目需求涉及的成本说明如下：

师资成本：授课培训师课时费（一般分职业和非职业类，按授课水平和授课效果分成三个等级，其授课课时费用不同）。

交通成本：一是培训师从常驻地至授课地的交通费用

（首选飞机经济舱、高铁一等座、火车软卧），二是培训师助理及项目工作人员的交通费，三是本地培训师的接送交通费。

食宿成本：项目期间培训师、助理、工作人员的食宿及差旅补贴费（异地项目）、食宿用具的相关费用。

授课成本：场地、教辅器材、教材讲义、参考书籍、学习用具的相关费用。

论文指导：按照项目要求，相关指导老师指导学员撰写结业论文（工作论文）的费用。

人力成本：项目工作人员人力成本分摊，是以上成本总和的 10% ~ 15%。

管理费用：项目实施管理费用，此费用即培训机构的项目毛利，一般为以上成本合计的 10% ~ 15%。

税费：项目合同总额的 7%。

表附 -9　项目成本

序号	成本项	说明	单位	备注
A	培训课时费	培训师授课报酬	元 / 天	税后
B	个人所得税	按国家政策缴纳	20%	以 A 项额计算
C	交通费	培训师及助教	—	驻地至教学地

续表

序号	成本项	说明	单位	备注
D	食宿费	培训师及助教	元/天	—
E	教辅器材	投影仪、教具等	元/天	—
F	教学场地	—	元/天	含空调
G	学员用品	讲义、纸笔、文集等	元/人	—
H	课间茶歇	饮水、茶点	元/人/天	—
I	食宿	学员培训期间午餐	元/人/天	—
J	课程调研设计	前期分析设计	3%	A项
K	论文评阅费	学员论文指导评阅	元/人	—
L	管理费	项目运营	10%～15%	A～J项合计
M	增值税	—	7%	合同总额
●	奖励	培训学员奖励	奖品或奖金	建议项

（注：奖励不计入项目成本）

2. 项目费用预算

按项目成本项所产生的相关费用列支，奖励费用不在本报价之列，仅作为本项目参考项，便于促进学员在学习过程中的竞争意识和学习转化效果。具体单项及合计如表附 –10 所示。

表附 –10　主体项目标准（第一阶段）

序号	项目内容	总课时	课时单价（不含税）	导师参考依据
1	导师辅导	10	5000 元	3000~5000 元
2	公开课 1	6	20000 元 / 天	15000~50000 元
	公开课 2	4	20000 元 / 天	15000~50000 元

所配置课程导师其市场公开授课课时标准不低于 15000 元 / 天。

案例二
某公司两化融合人才培训班项目方案

一、项目背景

面对工业 4.0 等全球新工业革命浪潮，智能制造信息化人才队伍急需掌握工业 4.0 驱动下的，制造业两化融合转型的落地方法、理论、案例、应用领域、关键技术以及最佳实践方法，以帮助企业实现战略转型和降本增效。培养智能制造信息化人才并发挥人才的价值对企业实施"两化融合"至关重要。针对当前智能制造应用人才不足及能力亟待提高等问题，需要对信息化人才队伍进行系统性的能力提升培训，因此，××公司拟开办信息化人才培训班，旨在为 ×× 公司培养具有较强实践能力的复合型智能制造信息化人才，提升企业两化融合和智能制造水平，促进企业转型升级和产业结构调整。

二、项目目标

1.从意识上提升学员对两化融合、智能制造、数字化工业技术的关注度，激发学员对新知识、新技术的兴趣，加强学员对个人知识更新的重视，督促学员为后期参与两化融合工作做好充分的知识与技能准备。

2.通过理论与实践紧密结合的学习方式，学员在掌握两化融合和智能制造信息化关键技术的理论与方法的基础上，通过案例分析、实战演练、分析与决策技能训练等方式提高自身实际操作技能。

3.以岗位能力资格认证为导向，对学员进行有效的专业引导。学员需按照教学计划认真完成所有课时学习，考核合格后，方可获得培训证书。培训认证合格者列为公司复合型智能制造信息化专业核心人才的培养对象。

三、培训对象及时间

智能制造信息化人才不仅要掌握系统思想，了解业务流程，而且更需要具备信息化、自动化、精益生产、物联网技术、互联网转型、信息系统分析与设计、实施与评价以及信息资源管理、信息化项目管理等方面的知识和能力。为精准打造复合型信息化人才队伍，本次参加培训的学员将在××公司内部筛选，可参与筛选的学员条件如下：

岗位：基础自动化、机械、信息化、工艺、电器、质量管理。

学历：本科及以上水平（特别优秀者可放宽到专科）。

专业:(包括但不限于)过程装备与控制、机械制造及其自动化、电气工程及其自动化、计算机、自动化、计算机科学与技术、材料成型及控制工程。

培训时间建议：××××年（具体时间待定），每间隔半个月开展一次集中学习，每次时间为 2 天 1 晚。

四、项目设计思路

1.主题及模块设计

根据××公司信息化人才培养发展的现状，本次培训将从前沿趋势、专业基础课程、专业理论知识及技术深化课程、规划与实施、应用实践课程这 5 个模块进行设计。课程包括计算机基础、信息化、数据库基础、软件开发、信息安全、机电、自动化、物联网/大数据/云计算/人工智能、项目管理等。

2.设计原则

坚持理论和实践培训相结合的原则。

坚持多样化原则，充分考虑学员的层次、类型，保证培训内容与形式的多样性。

坚持主动性原则，强调学员在培训过程中的参与度和互动度，发挥学员的主动性。

3.项目进度计划

遵从理论－实践－应用的原则，从项目需求分析－设计－

实施 – 验证，各阶段环环相扣。此次培训不仅注重学员在培训学习期间的知识掌握和学习情况，更加注重学员在返回实际工作后在岗位中的知识转化和应用情况，见图附 –4。

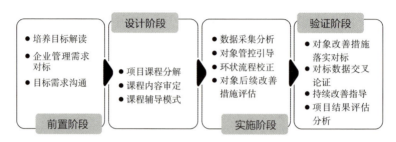

图附 –4　项目进度

4. 需求分析及项目调研

××公司为着力打造"尊重人才、重视人才、用好人才"的良好局面，公司高度重视信息化人才培养工作，系统搭建培训内容，建设一支适应公司战略转型的优秀智能制造信息化人才队伍，培养一批理论水平高、发展力强、创新力强的优秀人才，助力公司快速稳步发展。基于此，为深入了解××公司现有的信息化队伍人才结构和人才拥有的知识现状，将组织开展调研工作，为智能制造信息化人才培养模式提供科学的依据，见图附 –5。

调研方式将采用访谈法和问卷调查法，通过与相关部门领导及主管负责人的面对面或电话沟通，收集他们从公司战略

项目准备
- 调研团队配置
- 调研目的分析
- 调研对象初步分析

需求调研实施
- 调研形式选择
- 调查问卷设计
- 调研对象

调研数据分析
- 问卷基础信息分析
- 调查问卷分析
- 调查问卷分类分析
- 调查问卷关联分析
- 调查问卷交叉分析
- 调研样本岗位层级的问卷分析
- 调研对象的特征分析
- 调研对象岗位层级的问卷分析

根据调研数据的需求分析
- 总体需求分析
- 岗位层级需求分析
- 调研对象分析
- 结合特殊需求分析

培训方案调整落实
- 课程体系设计
- 课程体系构架
- 课程大纲框架
- 师资遴选方案
- 培训实施方案
- 培训成果检验方案
- 培训成果跟踪方案

图附-5 项目调研

与管理层面考虑的对信息化人才培养的意见。也将在参训学员名单确定后，采用在线问卷或抽样访谈等方式，充分分析学员的训前情况。调研工作要进行系统化设计，调研内容要体现多关联、广覆盖、泛交叉的特点，让调研更有针对性，以为后期工作的开展提供有效的参考依据。

（具体调研方式将结合企业与机构的沟通情况开展。）

五、课程设计及培训呈现方式

1.课程设计思路

（1）前沿趋势课程：了解前沿理念与技术发展趋势、培养对现代信息科技与社会发展需要的信息化思维。

（2）专业基础课程：学习信息系统、工业工程等相关专业知识，培养信息化建设需要的技术基础。

（3）专业理论及技术深化课程：根据企业的需求，结合各生产环节，深化在实践中使用的专业知识和优化技术的学习。

（4）规划与实施课程：了解进行两化融合和智能制造的整体规划思路和相关标准，学习实施过程中的方法论、创新及项目管理等课程。

（5）应用实践课程：结合企业信息化实践及两化融合要求，从商务智能、智能制造等多维度了解信息化全面推行的实际应用。

2. 课程内容概述

（1）两化融合（前沿趋势讲座）：详细解读"两化融合"管理概论，管理标准体系，我国企业两化融合的现状、问题、发展趋势；介绍钢铁行业实施"两化"深度融合带来的创新发展新机遇；明确信息化与工业化的融合发展是未来制造业的大势所趋；理解推进"两化融合"对公司转型升级以及永续发展的重要性和必要性。

（2）信息化的实施与企业数字化转型规划：了解企业数字化的概念、数字技术的发展情况、全球企业数字化的核心内涵和路线、国内企业数字化发展的基本情况，熟悉数字化发展的关键方向；详细讲述企业数字化的各种主要方法及数字技术的主要应用领域，如云计算、无人值守技术、智能制造、区块链、人工智能和大数据等；介绍国内外先进企业数字化能力构建案例。通过场内互动研讨，增强学员对企业信息化基础和数字化征途的战略战术理解，提升学员对企业数字化服务运营需求的敏感度，塑造学员对数字化发展观的正确认知。

（3）工业 4.0、工业互联网与智能制造：对工业 4.0、工业互联网、钢铁智能制造的基本概念、前沿技术、产品发展、系统构成、解决方案等方面进行提纲挈领地介绍，并从智能制造的总体构架、智能工厂如何建设发展以及如何运营与管理等方面进行讲解，重点详解钢铁行业推行智能制造的难点与本质。

3. 培训呈现方式

在培训形式上采用培训班集中学习与训后自主学习两种模式。

（1）培训期间班级管理及考核方式

①学员自主学习管理。成立班委会，由班长、学习委员、生活委员等组成，班委会成员协助班主任按各自分工认真开展工作。学习期间，学习考核分为个人和小组两部分，各小组选出组长。

②采用每门课程核心知识定期考试的方式，以巩固所学内容。

③采用积分制管理办法。为了使学员能够及时了解自己当天的学习情况和表现，培训期间全程实行积分制，以分组对抗和个人积分比拼相结合的模式，每天及时更新个人学习成绩和积分排名，提升学员的学习热情，创造良好的竞争氛围。

④根据积分原则，学员积分分为集中面授和自我学习两个阶段。其中集中面授阶段主要从课堂考勤、课堂互动表现、遵守班规情况、微信群互动、培训心得得分、内务整理、课程考试等方面计分；自我学习阶段主要考核读书计划完成情况、读书报告质量。

⑤集中学习验证考核通过课程期间考核（作业、在线考试、笔试等）、小组作业、个人课题报告撰写等方式验证学习效果。

（2）专业知识读书习惯培养及考核方式

教学组征求专家及专业教师意见，选定专业书籍，学员在培训后通过书本学习，建立系统化的知识架构，为全面构建自有知识体系架构夯实理论基础。

学习指导方法及步骤如下：

①由教学组推荐自学书籍，要求学员在对应的学习阶段精读，并对书中相关知识点进行理解和解析（知识溶解报告）。每位学员要根据学习进度要求制订自己的读书计划，撰写并提交读书笔记，在班级的线上、线下读书解析会上分享并讨论。

②教学组按辅导计划在培训过程中收集与统计学员的读书笔记与拆书解析，根据读书笔记与拆书解析的提交情况和微信读书分享的次数等进行评价。

③建立知识分享机制，每位学员参与课前"知识小百科""早间微课堂"活动，在课前分享相关新技术和新知识，营造互帮互助、共同进步的良好学习氛围。

（3）结业课题报告

通过撰写不低于5000字的、必须结合自身岗位工作的课题报告，检验学员是否能将所获取的理论知识、解析案例的能力、工具的使用方法充分落地到各自的岗位中。课题报告终稿提交给专业评审组老师（外部专家、内部专家）进行评阅，以学习感悟、创新意识、工作实践思路与设想这 3 个维度作为评调标准，并组织结业答辩。

课题报告撰写指导步骤如下：

①召开课题报告指导会，学员在教学组的引导下结合工作岗位的实际情况提出难点与问题，并确立课题报告题目。

②学员通过参考推荐的书籍、案例解析报告、工作坊讲授的管理工具使用，来完成课题报告。最终将各自的工作难点与问题转化为完整成熟的解决方案。

案例三
某企业内部讲师建设规划

一、前言

培养企业内部讲师是企业建立培训体系的重点工作，是统一企业各层级员工的理念、思想、态度、企业文化以及提升员工的工作技能、消化基础培训课程的有效方式。企业要建设能力较强的内部讲师队伍需要从 3 个方面做好工作：内部讲师的定位与选拔、内部讲师培训能力的培养提升、内部讲师的管理与激励机制。充分做好这 3 个方面的工作才能建设成符合企业实际需求的培训体系。

二、内部讲师队伍建设存在的问题分析

大多数企业在内部讲师队伍的培养和建设上，缺乏系统性，在工作中，不能完全适应不断变化的企业需求。随着企业的发展，在人力资源管理体系变化的过程中，逐渐出现无法完全支撑并有力推动企业内部知识管理与传承的各项管理工作的现象，导致培训工作以及内部讲师建设工作与公司人才队伍建

设的相关要求之间存在一定的差距，主要存在的问题包括以下5个方面。

1. 缺乏系统规划

目前的培训工作停留在工作业务环节的应用（甚至是应对）上，没有形成系统的管理体系和应用体系，更没有与队伍建设和企业的远期战略规划相结合，没有进行中长期目标规划。

2. 定位存在局限

以往企业对内部讲师的岗位要求主要以课程讲授为主，但随着企业的发展，内部讲师还应对企业内部知识和经验进行总结，整合经验技术，并进行推广应用。

3. 授课概率限制

企业选出的内部讲师主要在员工整体素质提升培训和岗前培训或转岗培训时进行授课，企业应要求内部讲师在岗位业务发展上进行重点授课。不过，虽然培训下沉，但内部讲师的分工不同，能达到的效果也参差不齐。

4. 内部讲师授课率低

内部讲师授课活跃度低，可讲授的课程内容有限，教学能力稍显不足，实用性课程开发能力偏低等问题造成内部讲师的授课率较低。各业务部门和职能部门只依托人力资源部管理使用内部讲师，造成优秀课程和师资资源不能高度共享。

5. 激励不够

现行内部讲师管理制度造成课程利用率较低，因此，应丰富激励和考评手段，促使内部讲师提高培训的工作质量，形成激励和考评相结合的长效机制。

三、内部讲师的需求分析

对于业务不断发展和技术不断更新的行业来说，内部讲师应能迅速有效地完成内部知识的更新、提炼、同化、传递、推动、应用等系统化过程。一个能力较强的内部讲师队伍应能够有效解决外部培训师（培训机构）不能及时准确把握企业内部知识管理应用的实效问题。所以，建设好、管理好、使用好企业内部讲师队伍是能够充分利用培训管理，积极提升企业竞争力和员工能力的重要工作。

内部讲师队伍的建立与培养是一个系统性的工程，需要对内部讲师进行统一培养与辅导。企业在前期深入调研的基础上，通过科学的内部讲师分级机制筛选出各级内部讲师，并有针对性地对他们进行培训和辅导，以培养出一批优秀的内部讲师，见图附 –6。

1. 建立内部讲师管理制度

紧密结合企业培训目标、内部讲师应达成的目标和发展规划，建立内部讲师管理制度。内部讲师管理制度应具备内部

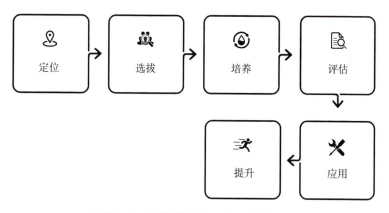

图附-6　导师队伍的建立与培养流程

讲师选拔机制、运作机制、培养机制、奖惩措施、知识管理制度等。

2. 选拔内部讲师

选拔内部讲师的渠道主要有 3 个：第一个是肩负培养任务的管理层；第二个是公司的技术、业务、管理方面的专家；第三个是企业内部有一定的实力且有较强兴趣和意愿成为内部讲师的员工。

3. 培养内部讲师

外部讲师参与的培训项目比较多，所以培训经验较丰富，与他们相比，企业内部讲师由于经验不足，在授课内容和授课方式等方面会存在一些不足之处。为了解决这些问题，企业应对内部讲师进行相关培训，可以安排经验丰富、能力较强的外部培训讲师对他们展开培训，不断提升内部讲师的专业能力。

四、内部讲师队伍的建设思路与举措

总结分析国内外优秀企业的实践经验，结合某企业的发展特色及业务应用的需要，人力资源部可以在传统的"FTAM"模式架构上重新整合打造一支满足企业培训体系需求的内部讲师队伍，力图将外部培训服务商与内部讲师体系有机结合，建设有企业特色的人才培训体系。

根据 FTAM 项目的整体计划和安排，基于企业内部讲师队伍的管理基础，企业从内部讲师队伍建设、培养、运用及管理体系建设 4 个层面开展相关工作。

1. 内部讲师队伍建设步骤

（1）建立内部讲师胜任力模型

基于当今及未来发展需要，结合企业内部讲师工作的实际情况和未来操作的便利性，对内部讲师岗位胜任力模型及其评价要素进行整体设计，建立某企业内部讲师胜任力模型，包括人员素质要求、基本条件、性格测评分析、分级评价体系，形成完整的胜任力模型，应用于内部讲师选拔及培训管理。

（2）建立完善的内部讲师管理制度

不断建设和完善公司的内部讲师管理制度才能有效形成

企业内部讲师体系。从制度上对承担了企业文化技术传承及业务推广、员工工作能力提升等培训工作的员工予以相应的激励保障，这将有利于推动企业内部培训工作的实施，同时也更加易于将培训目标落实到基层，使培训的课程开发更接地气，课程内容更贴近实际工作。

（3）基于公司发展需要的内部讲师队伍建设工作的宣讲贯彻

为提升员工的业务能力，有效整合各业务单元（厂）的全方位人才，全面提高员工工作效率，实现内部员工乐分享、愿交流的学习交流氛围，企业可通过内部管理平台、企业公共平台、手机短信、培训教研交流、中小型巡回演讲等多种形式，加大对内部讲师的宣讲贯彻与招募工作，充分展现企业对培训工作的关注。确保将"培训提升能力、交流促进进步、提炼推动发展"的思路传递给企业的每一位员工，同时让每一位员工都有展示的空间和发挥的舞台。

（4）内部讲师的甄选认证

按照公开选聘的原则，在企业内部公开选拔符合企业内部讲师队伍建设的需要。企业可以选拔有意愿从事（专职或兼职）内部讲师工作的员工，也可以适当考虑在中层管理干部中推选可以承担培训工作并愿意分享知识的人员。在这个环节，企业可以宣讲并贯彻企业建设内部讲师队伍的精神，让员工明白其意义和价值。

对选拔出来的人员进行专业化培训，使其以较快速度达到为企业内部培训（知识共享）服务的水平。所有选拔出来的员工在接受专业培训的过程中要接受相关考核，通过考核者才能正式进入企业内部讲师队伍，并按照其受训期间及结业时的能力评估结果予以相应的内部讲师级别，定级与内部讲师在为企业服务时的考核及绩效报酬挂钩。

2. 内部讲师的培养步骤

（1）内部讲师培养系统化

为全面提升企业内部的培训管理能力，整合内部培训资源，完善内部讲师培训资质，创新内部讲师培养模式，提高内部讲师队伍的整体素质，企业决定进一步制定并完善内部讲师培养体系，并逐一进行落实。内部讲师的具体培养步骤如图附 -7 所示。

依托企业人才培养的工作思路，搭建员工职业发展的人才成长阶梯。将内部讲师队伍纳入人才队伍进行培养与管理，给予优秀员工更多的职业发展机会，激发员工的活力和组织效能，推动企业不断发展。

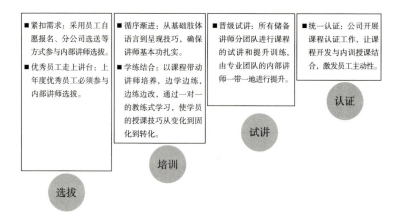

■紧扣需求：采用员工自愿报名、分公司选送等方式参与内部讲师选拔。
■优秀员工走上讲台：上年度优秀员工必须参与内部讲师选拔。

■循序渐进：从基础肢体语言到呈现技巧，确保讲师基本功扎实。
■学练结合：以课程带动讲师培养，边学边练，边练边改，通过一对一的教练式学习，使学员的授课技巧从变化到固化到转化。

■晋级试讲：所有储备讲师分团队进行课程的试讲和提升训练，由专业团队的内部讲师一带一地进行提升。

■统一认证：公司开展课程认证工作，让课程开发与内训授课结合，激发员工主动性。

选拔　培训　试讲　认证

图附 -7　对讲师的培训模式

（2）按内部讲师级别划分的培养体系（见表附 -11）

表附 -11　不同级别讲师的培训体系

培养对象	课程设置	培养方式
储备级内部讲师	《内部讲师 TTT[①] 初阶培训》	面授
讲师级内部讲师	《内部讲师 TTT 进阶培训》	面授
专家级内部讲师	《内部讲师 TTT 高阶培训》	面授

（3）进阶式培养提升

为了提升员工的职业能力和员工队伍的整体素质，企业应当积极将内部讲师队伍纳入企业的人才队伍，并对他们进行系统、科学的进阶式培养与管理，打通内部讲师的成长路径，

———————

① TTT，Training the Trainer to Train，职业培训师培训。

实施进阶式培养方案，具体内容如下：

①帮助企业内部讲师充分认识自己的角色和任务，明确讲师和优秀传播者应具备的特质和态度，树立讲师良好的职业形象。

②帮助企业内部讲师克服紧张、恐惧的心理，提高授课质量。

③根据课程内容和相关情况，运用恰当的授课形式，提升授课效果。

④成为一个有魅力、对学员有较强吸引力的内部讲师和知识传播者。

⑤掌握专业的、有趣的表达方式，展现内部讲师的专业能力和语言魅力。

⑥运用多元化的教学方法，提升教学效果。

⑦有较强的现场控制能力，能够灵活应对现场的各种问题和突发情况。

3. 内部讲师的成果运用步骤

（1）在公司培训需求平台上承担部分实际工作中需要的培训任务。

（2）参与外部培训服务商根据企业的标准职位搭建的企业自有课程体系。

（3）按照综合板块、市场板块、技术板块、管理板块四大类，优化设计培训课程包。

（4）根据《员工培训课程体系技术规范》（建立技术标准）要求，内部开发课程的要件须包含（但不限于）培训师手册、讲义（幻灯片文档）、学员手册、案例资料、认证证书等。以上课程要件均须制作子版存档，加强培训成果的广泛运用。

（5）搭建企业内部工作知识共享图书馆（网络），扩大培训资源共享，实现企业的内部知识管理。

4. 内部讲师管理的体系建设

内部讲师管理体系涵盖内部讲师组织管理、选聘、分级管理、发展与激励四大核心层面，以内部讲师胜任力模型作为该体系的主轴及内部讲师选聘的标准。在此基础上可以分别就内部讲师管理及内部讲师队伍建设工作制定相关的管理办法。

（1）内部讲师体系的管理方向

角色定位：内部讲师是岗位胜任的训练者、内部经验的总结者、知识技能的传播者、内部培训的管理者、企业变革的推动者。

统一认证：深化分层、分级管理，在企业统一认证的标准下，对内部讲师进行认证、调配、培养、考评。相关单位对本单位的内部讲师进行选拔、调配、培养、考评。

提升活跃度：内部讲师支撑企业的培训工作，开展交叉授课、课程或案例开发、课题研讨等工作。企业的内部讲师负责本单位基层授课及培训辅助工作。

加强激励：建立多渠道的综合激励方式，同时运用经济和非经济激励等多种激励手段。

（2）体系管理规范化

①内部讲师主要采用内部员工兼职的方式。

②行政上，内部讲师归属原有部门管理；业务上，内部讲师归属人力资源部门管理。

③内部讲师执行培训任务采用项目管理模式。